働くという
「能力主義」を

勅使川原真衣
Teshigawara Mai

a pilot of wisdom

目次

序章　「選ばれたい」の興りと違和感

二　あの人が自分のモードを「選んだ」とき

図版作成／ＭＯＴＨＥＲ

プロローグ　働くということ——「選ぶ」「選ばれる」の考察から

一　「選ばれたい」日常

異なる立場。異なる生活。それでも案外、生きていれば共通した嘆きがあるように思う。皆それぞれが、評価される人に／感謝され、大事にされる人に／興味を持ってもらえる人に／推される人に／ケアされる人に……なりたくて、もがいている。そうでなければ満足に生きられないかのごとく、それぞれの道で必死だ。みんな、「選ばれたい」。

中間管理職のため息——父・課長（四八歳）の場合

器用なタイプではない。旧帝大ではない国立大工学部に一浪して入学。余裕のある家庭ではなかったので、大学院には上がらず、医療機器メーカーに就職、技術開発部に配属された。以来、苦節一七年。四〇歳になって係長として管理職になり、その後五年で課長に昇格。部下は総勢一八人。皆、真面目だ。真面目なんだが、普段は淡々と仕事をこなしているようで、（自分にしてみたら）突如「成長機会が見出《みいだ》せない」「同じ仕事で年収が二五〇万円上がると言われた」などと言って、退職していった部下はこの三年で六人と割合的には少なくない。ちょっとした人間不信だ。「データ」も追い討ちをかける。ストレスチェックに加え、エンゲージメントサーベイ（会社への愛着や貢献意欲を測定する調査）でも、自分の部署のメンバーの「やる気」は全社平均を下回ると出た。経営企画部と人事部肝いりの「組織風土改革」らしく、全社の「組織の健康診断」なる名目でこうした匿名アンケート調査が実施されるようになった。「やる気」の見える化なんて息巻くものの、いざ結果が出てから、改善のための対策を会社が支援してくれることはない。「傾聴」「1 on 1《ワンオンワン》（上司と部下とのマンツーマンミーティング）」などと人事部は推奨するが、それっきりだ。この忙しい中で、やみくもに、部下に「最近どう？」なんて声をかけるのは、気が引ける。密にコミュニケーションをとって協働を促進せよなどと、言うは易《やす》し。具体的にどうすればメンバーを前向きにさせることができるんだろう。それをも分かることが「リーダーシップ」なのだろうか。とそこに、「今週お時間をいただきたく……」――直下にいる係長からメールが来た。また一人減るなんて勘弁してくれ、と心の中で叫ぶ。

愛される、話を聞いてもらうにも技術が必要?――妻・母・主婦(四七歳)の場合

出産するまで、夫と同じ会社の人事部にいた。人事評価のとりまとめなどが主で、いわゆる人材開発寄りの業務に従事。子育てのキャリアはというと、もう今年で二〇年。夫はいつも忙しそう。だが正直、家事・育児と比べたら、やったことを評価してもらえるだけ仕事なんてマシじゃないか、そんな気持ちになる。私のタスクは、うちにいる誰もが「やって当たり前」だと思っていること、シャドウワークそのもの。まぁ、浦島太郎が玉手箱を開けたかのように一気に白髪頭になった夫が、楽をしているとは思わないが、私だって苦労している。誰も感謝はおろか褒めてもくれない。心の穴を埋めるかのように、今日は気分を上げたくて、美容院を予約した。そこでめくった雑誌に「愛され力」の文字。また話題の一冊として『〜聞いてもらう技術』という書籍が紹介されている。そうか……その他大勢から抜きん出て、人から大事にしてもらったり、話を聞いてもらうのにも、相

応のテクニックが必要な世の中なのね。軽やかに生きたくて、今回は肩まであった髪をばっさり切った。ただこうやってイメージチェンジを図ることさえも、夫や子どもたちに気づいてもらえるか、不安な自分がいる。短くなった髪の毛分ほどしか、気持ちは軽くならなかった。

マッチングアプリでさえも問われる学歴——息子・大学生（二〇歳）の場合

新型コロナウイルス禍の大学入試だった。言い訳がましいようだが、当日の体調は思わしくなく、結局第三志望だった大学に入学した。一、二年目はほぼリモート授業。大学生といえば、学業……はほどほどに、出会いの宝庫だと思っていたが、現実は高校時代よりもさびしいもので、マッチングアプリで近所で気楽に会えるような友達を探すようになった。男性だけ月に四〇〇〇円弱かかるのは、なんだかなとは思う。親には内緒。犯罪に巻き込まれる？　いやいや、学歴証明が必要なアプリもあるくらい、安全。僕は「ハイスペ（ハイスペック）」じゃないので無理だけど、高校時代の友人は、入会完全審査制の「ハイスペ」同士の出会いの場とやらに登録しているらしい。年上の社会人と出会って、就職後のイメージを描きながらお酒を飲むのだと。おいおい、うらやましいじゃないかよ。こんなことならもっと勉強するんだったかな。学歴なんて、と鼻で笑っていた高校生の自分に話しかけたい気分。

「推される人になりなさい」と言われても——娘・中学生（一五歳）の場合

中三春。体育館に集まって、進路指導部の先生の話を聞く。のっけから「皆さん、『推し』はいますか？」——ほう、珍しくこっちの興味を引くようなこと言うなぁと聞いていた。すると意外なことに先生はこう続けた。「『推し』はなぜ推してもらえるんでしょうね？　誰かに推してもらえる人ともらえない人が、この世にはいますが、差は何でしょうか。推されるためには、どうすべきか？　くれぐれも考えて行動するように。内申書とは『推し活』だと思ってください」——。え、刺さったは刺さった。けど何だろう、この後味の悪さは。好かれてなんぼだと評価者側に言われるのって、どうなの？　モヤモヤしたまま、次の時間は学活で、修学旅行の部屋割り決めに。あみだくじにでもしてくれ、と内心思う。誰からも「選ばれ」なかった、寄せ集めグループができちゃうじゃんか。ほらやっぱりできてるし。しかも「あなたくらいにしかお願いできなくて」みたいな顔をして担任がこちらを見てる。日頃は優等生の私がそのグループのリーダーに「選ばれる」。なんだかなぁ、と思うの自体失礼なことだし、モヤる。

＊

息子のバイトも、娘の塾もない珍しい夜。久々の一家団らん。テレビをつけると、「成長の果実を、しっかりと分配」と語りながら「新しい資本主義」を説明する首相が映る。

娘　「成長と分配の好循環」はいいけどさ、成長により、「分配の原資を稼ぎ出す」[*1]と言ってるのは、ん？？？ってなるね。

息子　原資あっての「分配」と言ってるから、まだまだ「成長」を求められているように聞こえるな。

父　確かに。鋭いなお前たち。

テレビ　次のニュースです。小中高生の自殺者数が統計開始以来の過去最多*2……。

母　……いたたまれないわ。

息子　ほんとに。

父　動機の多くは、進路の悩みや学業不振などの「学校問題*3」だって。

娘　勉強して、評価されなかったら、お先真っ暗だぞ、って言われるもんなぁ。こないだ話したでしょ、中学で「推してもらえる人になれ」って内申書のこと言われるんだから。評価されて、選ばれなきゃ、未来がない。

母　選ばれるって何なのかしらね……。

父　何だろな……。

二　問わぬまま逃げ切れるのか――問題提起

娘　もういっそのこと、なーんにも気にせず暮らしてみたいもんだよね。

息子　それさ、たまに妄想してみるんだけど、どうなっちゃうんだろう。

母　のたれ死ぬかもよ。頑張っている人がたくさんいる一方で、自分だけ競争から外れたら。自己責任なんだから。

娘　自己責任ねぇ。学校では「自己調整」[*4]とかも言われる。何でもかんでも「自分次第」なんだよね。でもそのくせ、「ありのまま」なんて認められた試しがない。腹が立つときだって、悲しくなるときだってあるのに、それも「メタ認知」[*5]して、自分を「調整」しろってさ。

父　楽じゃないよなぁ。ただ生きるのも。

娘　生きるために生まれてきたのに、こんなに生きづらいのが当たり前って、何か変。

息子　まぁでもさ、生きづらくないように努力すればいい。それしかないよ。

娘　努力すれば生きやすくなるの？　生きづらいのは私の努力が足りないからなの？

息子　分かんないけど、「選ばれる」ように努力する以外にある？　俺はこれから就活もあるけどさ、企業に「選ばれる」ためなら、何でもしようと思ってるよ。生きるってこんなことじゃないはず、とか言ってられないから！

父　ただ普通に生活したいだけなのに、こんなに生きづらいのって当たり前なんだろうか、と思う気持ちも分かる。五〇歳を目前にしても、お父さんもよく分からない。人が人を選び・選ばれるって、一体何なのか。最近は、このままうやむやにして逃げ切れるのかどうなのか、って考えちゃうんだよな。問わなきゃダメなんじゃないか、って。

＊

ある家族の素朴なやりとり。私はこれを、「世の中そんなもんでしょ」と流せない、流したくない気持ちでいます。それは、学校における「選抜」（達成、配分）の正当性を検証する学問を修士課程で学び、修了後は企業における「選抜」（評価、処遇）を専門にして仕事をしてきたことが少なからず影響しているのだろうと思います。学校と職場で「選ばれる人になる」ことの内情をある程度知っているからこそ、他人事《ひとごと》ではいられないのです。

人が人を選び、人生が水路づけられていく——このことへの関心は思えば、もう二〇年ほどになります。かねて「選ばれる人であれ」という社会の要請に触れるたびに、この仕組みは今のままで大丈夫なのか？　という漠然とした懸念がありました。その懸念は特にこの数年で、「次世代に引き継ぐべきではない」という確信に私の中で変わってきています。本書の狙いはまさに、確信を持つに至った根拠や、現行の人への評価・采配（配分）の仕組みに対する代案について論じることにあります。「選抜」「采配」について再考することは、人間とは何か？　達成とは？　仕事とは？　成果とは何か？　……といった隣接する概念の定義を見直すことに他ならず、それらに大胆にも挑もうとしています。

人が人を見立て、采配していくこと。これは学校でも職場でもプライベートであっても起きており、極めて日常的であらゆる人に関わる事象といえます。また、「どう選ぶか？」については、「心理統計学の発展で、人の『能力』がこのテストで測れます」などと謳《うた》う人材「選抜」用の検査があったり、先のマッチングアプリの話のように、「選びやすさ」

の進化が見られるかもしれません。しかし、「なぜ選ぶのか?」「選ばないとダメなのか?」「そもそも人が人を評価し、選ぶとはどういうことか?」についての議論はし尽くされていると言えるでしょうか。選び・選ばれることがあまりに所与（大前提）のものとなっているがゆえに、「選ばれる人」であるための無限の努力やゴールのないレースを強いられても、文句を言ったり、抗《あらが》ったりはそうそうしません。不思議なほど健気《けなげ》な私たちですが、だいぶ無理をしていないでしょうか。

この終わりのない競争の綻びは、先の子どもの自殺者数最多のニュースのように、確実に見えています。それも含めて弱肉強食、それが社会だよ、なんて……どの面下げて、次世代に言えましょうか。死者が出続ける、脱落者が続出するような競争は、ルールがおかしい、と思いませんか。この世に生まれてきたのに、生きることがままならないような仕組みや圧が社会に蔓延《はびこ》るなら、なぜそうなっているのか解きほぐしたい。今のシステムに順応するためには苦しまぎれの弥縫策しかないのであれば、代案を示して変えていきたい。そう考えています。

ちなみに、選び・選ばれることを所与のままに、「こうすればあなたはもっと選ばれる！」「〇〇力がないからあなたはしんどいのだ！」と「能力論」をかざすほうが、一見ウケはいいのだと思います。しかしそれは、他の方にお任せする所存です。

申し遅れましたが、私は進行がんを患いながら、幼子を育てています。学校や職場の「生きづらさ」を探究してきた自分が、みすみすわが子を、「選ばれる人」でないと生きられないような社会に残すのは、無念の極みなのです。今ある仕組みの良《よ》し悪《あ》しは別として、連綿と紡がれてきたものには一定の意味があることは確かです。したがって、歴史的・構造的な「選抜」や「能力」論の積年の課題を理解した上でしか、芯を食った話はできないと考えます。既存の論は先達に敬意を表しながら丁寧に検討してまいりますが、その上で、見直すべき点はどう見直せるか。これを立ち止まって考えることが、私に残されたミッションだと感じています。

なんて、息巻いたものの、尻込みしそうな気持ちもあります。しかし初作『「能力」の生きづらさをほぐす』を上梓《じょうし》して以来、さまざまな反響をいただき、学者ではないからこそ、また財界や大企業とのパイプなき野良の組織開発者だからこそ、掘り下げられる問題もあるとの実感も多少はあります。「じゃあどうすればいいの？」にも、初作よりさらに実践的に答えられるよう、事例も出し惜しみなく記してまいります。ぜひ私たち一人ひとりが今日からこの場で起こせる「革命」について、何らかのヒントにしていただけたら、私にとっては生きた甲斐《かい》があります。

本書の構成と形式

次のような展開を目論《もくろ》んでいます。

綻びが見え隠れしながらも、依然終わる気配がない「『選ばれる人』であれ」という重圧。言い換えれば、いかに社会が「能力主義」を信奉しているか、という話ですが、ここまで社会原理として重用されるに至った立脚点はどこにあるのでしょうか。逆に、盤石な原理とはいえ、急所はないのでしょうか。「能力」というものが個人それぞれにあって、その差が社会の不平等の根源であり、それは「自己責任」でなんとかするしかない……という催眠術にみんながみんなかかるのは、やはり相当な理由があるとしか思えません。「能力」論の盤石さ、私の意図を込めるならば、巧みさ・あざとさ。これらのうち、教育については、すでに教育社会学が叡智《えいち》を結集して解明してくれていますから、私のほうは脱常識アプローチという教育社会学的視点を踏襲しつつも、学校卒業後の労働現場に焦点をずらして、序章で述べたいと思います。

ちなみに結論を少し先取りすると、政治的・経済産業的な下支えにより、社会に「能力主義」という巧みな「設定」が張り巡らされています。しかし、その「設定」にも論理の穴はあるはずだと私は考えており、「能力」の急所を突いてみるのが第一章です。お読みいただくと論考の素朴さに驚かれるかもしれませんが、素朴な違和感というのはあらゆる人の人生が社会で尊重されるための極めて重要な手がかりになります。ご自身のモヤモヤやソワソワ、ムズムズ……いろいろな感覚を自問自答しながらお読みいただければと思います。

さて、「能力」とは何か、を知ったら次いで「競争」ではない何かに向けた適切な代案に話題を移していきます。「能力」ってこんなに危なっかしいのですよ！　に畳みかけるようにして、それならばどういう代案・あるべき姿が考えられるのか？　について、組織開発者としての知見・経験から述べるのが第二章です。「能力主義」である限り「競争」は止まらず、人々は「ただそこにいてくれるだけで、ありがとう」といった世界観で暮らしていくことができません。「貢献度」次第で、人がそこにいていいのかどうかも決まるなんて、どう考えても正気の沙汰ではない。ありもしない「能力」というものさしで人に序列をつけ、「競争」で人々の不安を煽《あお》ることなく、チームの複数人がそのときどきの揺らぎの中で、対話を欠かさず「なんとか」仕事を進めていく姿。そんな「組織開発」の実情について、ご紹介します。もしかしたら、思っていたのと違う、と感じるかもしれません。どんなものを想定し、それをどう「裏切られた」と感じるのか？　そこもぜひ味わっていただけると著者冥利に尽きます。ぜひご一緒に、ご自分と周囲に今日から起こせるであろう「革命」を想像しながら、読み進めていただきたいポイントです。

そして第三章では、「能力主義」の代案、組織として「機能」を持ち寄る話を扱いながら、もう一歩、踏み込みます。具体的に自分自身がどこに注力すべきか？　そのコツを、事例を通じて明示します。なにせ、「選ぶ」という概念をおおむね他者や環境など、自分の周りに対して用いることが多いのが「能力主義」社会の特徴です。しかし本書では、そうではないことで、「選ばれた」誰かだけではなく、みんなで人生を豊かにしようと提唱しています。したがって、自分が何をすべきか？　という話を、上滑りさせることなく実践現場からまずは言語化します。その道中では、助け合いをいかに促進するかというテーマを、個人観の刷新、「客観的」な答え以前に「主観的」な問いがいかに重要であるか?などと絡めて論じていきます。

終章では、第三章までで述べてきた「働くということ」を社会実装するにあたり、行く手を阻む、頑迷ともいえる社会通念について解きほぐします。社会を席捲《せっけん》している価値観や、「大きな声」、土台となる社会システムについて言及し、本書が理想論に終わらぬよう、ダメ押しの実践トリガーポイントを書き残す意図です。「働くということ」が一部の「選ばれし者」にとっては特権的順境であり、大多数にとっては苦役……なんてことを終わりにするために、職場の日常で直面する、働く現場の問題点を、心理にまで踏み込んで詳細に描写しつつも、社会を広範に覆うことば・価値観の無視できない影響力についても挟み込むようにして考察していきます。

本書に特徴的な形式についても先にお伝えしておきます。

本書は組織開発現場でのエピソードを大事に書き起こした上で、プライバシーや守秘義務に配慮して創作してあります。というのも、「働くということ」という人間の根源的な営みを描写することは、「営み」ゆえに、静的なものにはなり得ません。動的なのです。その意味で、登場人物の機微にゆらゆらと触れながら進行する物語とその解説という構成にこだわりました。この構成は、明瞭な「答え」を求める人にとっては、イラッとしたり、「問い」はいいから「答え」をくれ！　と、投げ出したい気持ちになるやもしれません。

しかしながらこの形式からも、「働くということ」に必要なのは「うまくやる『能力』」ではなく、「どうにか皆でやっている『動態』」ダイナミクスを見守り、見出すことなのだと思っていただければ幸いです。早速まいりましょう。先の一家も本書を手に取り、読み始めたようです。

序章　「選ばれたい」の興《おこ》りと違和感

一　選抜とは何か、なぜ必要か――「分かる」「分ける」「分け合う」

「選抜」「選考」「選別」……馴染《なじ》みのさまざまな表現がありますが、そもそも、「選び・選ばれる」とはどういうことでしょうか。なぜ私たちは、ただ生きるにしても「選び・選ばれる」必要があるのか、立ち止まって考えてみたことはありますか。議論の大事な素地なので、刺激的とは言えないでしょうが、論点をさらっておきましょう。

限りある資源と平和

お金も土地も食料も、何もかも無尽蔵に湧いて出れば、欲しがるだけみんなに大盤振る舞いできるけどなぁ……それならきっともっと平和だろうなぁ……なんて、考えたことはないでしょうか。ただ、残念ながら現実はそうはいきません。生きるために必要なあらゆる資源には限りがあるわけです。そうなると、いかに「分け合う」か、が問題になってくるわけですが、完璧な等分はすでに偏在する所有状況を前にして、非常に難しい。どうしたって、もらいの多寡は生まれるものなのです。

するとやはり、もらいが少ない側から不満の声が出てくることは想像できます。「何で自分の取り分はあの人より少ないんだ?」と。それに対して合理的な説明なしに、強制的に「そういう決まりだ、俺様は偉いのだ!」と権力に物を言わせて従わせてきたのが古くからの統治でしょう。その後、「生まれが違うから人生も違っちゃうのよ、悪しからず!」と押し切ってきたのが近代以前の身分制度といえます。

しかしそれも、強引な仕組みですから、「生まれって何だよ」「本人がどうすることもできない理由で、分け隔てるなんて差別だ」との主張が出てくるわけです。ここで体制側は、秩序が危ぶまれることを悟り、納得感の高そうな論理を編み出すことに奔走。生まれではなく○○で個人を「分ける」ことで人を「分かった」（把握した）ことにし、その情報をもとにモノやカネを「分け合う」ことが正当な民主制だと思わせる巧みな論理を編み出します。さてこの、○○とは一体何か。

「選抜」の仕掛け人――「能力」

ここで満を持して登場するのが、個人が持つとされ、人によって違いのある「能力」という概念です。個人のことを「分かる」つまり理解・把握するとは、「その人は何ができる人なのか?」(メリット)＝「能力」を見ればいいじゃないか、という設定がなされました。「能力」の違いによって、人々を「分け」、その差を基準にして、限りある資源を「分け合う」という原則。「能力主義」という配分原理、と言ってもよいでしょう。できる人はもらいが多く、できの悪い人はもらいが少なくても仕方がない――この考えは、社会の普遍的な掟《おきて》のごとく、すっかり定着しました。逆に、「貢献度」が高い人と低い人とで、もらう量が調整されていなかったとしたら、それこそ「ひどい!」「やってもやらなくても一緒なのかよ!」と思う人のほうが多いくらいかもしれません。

こうした今日の選抜の状況をよく示す論考があります。独立行政法人労働政策研究・研修機構の「日本労働研究雑誌」二〇二三年七月号の特集は「選抜をめぐる労働問題」でしたが、その冒頭の「提言」に見事なまでに言い表されています。

企業だけではなく、労働者も企業に選抜されるように自分自身の生産性を高める努力が必要である。企業が提供する職業訓練だけに頼るのではなく、自己啓発に取り組み、常に自分へ投資することが求められる。生産性の高い求められる人材になると、多くの企業から選抜されるし、自分で企業を選ぶことができるようになる。（中略）自分の能力やスキルに応じて相手を自由に選び、選ばれる労働市場では、適材が適所に配置され、雇用のミスマッチの削減につながる。こうすることで、社会全体の生産性は高まるだろう。重要なのは、相手から選抜されるように、そして自分で選べるように、企業は常日頃から労働条件の向上に努めたり、労働者はスキル・アップを常に心がけたりすることである。（同誌一頁、佐々木勝「選抜されるようになるために」）

解説は不要でしょう。我が国を代表する労働研究機関の出す研究誌の巻頭の「提言」とて、選ばれるように努力せよ――以上。なのです。

「ありのまま」ではいけません――無限の努力をする国民の誕生

もらいの多寡に対して正当性を付与するロジックとなった「能力」。正当性とはつまり、多くの一般市民にとっての「納得感」です。「まぁそういうことなら、仕方ないよな」と、もらいの偏りがあっても納得できてしまうなんて、本来驚くべきことだと思います。まだまだ「能力」ロジックの巧みさはあります。頑張り続ける国民の量産に成功した点も実にあっぱれなのです。「ありのまま」でいてはいけない。もっと社会が「求める能力」を身につけて、「成長」し、「豊か」になってください。まるでプロローグの家族が観《み》ていたニュースが伝えていた、岸田政権下（二〇二四年二月時点）の「新しい資本主義」のくだりのようです。そんなふうに、平たく言えば「能力」は、私たちがどう生きるべきか？の解を示したのであり、それによる配分を是とするのが「能力主義」です。この話をもっと噛《か》み砕いてまいりますが、話の原点は意外にも、教育基本法によく表れていると私は考えています。第一章第一条の「教育の目的」を読み上げてみましょう。

第一章　教育の目的及び理念（教育の目的）
第一条　教育は、人格の完成を目指し、平和で民主的な国家及び社会の形成者として必要な資質を備えた心身ともに健康な国民の育成を期して行われなければならない。

「未熟な」私たち、という設定

「人格の完成」が教育の目的である、と明言されています。これを知ったとき、私は率直に、

「へぇ……人格って、完成するものなんだ……。神のような完璧な人が『人格の完成』した人なのかな……」

とぼんやり思ったのを覚えています。ちなみに齢《よわい》四〇を過ぎましたが、いまだに自分はおろか、周りを見渡しても、素敵だな、面白いなぁという人はごまんといても、「完成」している人はいないように思います。皆、それぞれがかけがえのない存在ですが、凸凹はしている。「完成」とか完璧かどうか、という見方はそぐわない印象があるのです。

ですが、先のとおり、法的には「人格」は「完成」し得るものとして扱われています。これを捉え直すならば、道中の我々というのはつまり、不完全な、改善の余地のある人ということに自《おの》ずとなるわけです。ここでちょっと性格が悪い言い方ですが、国民が「不完全」であるという前提は、権力側にとっては非常に都合のよいことだと感じるのは私だけでしょうか。お気づきのとおり、人々の不安を煽りやすく、なんなら未熟な人を育ててやろう、という「教育的」「啓蒙《けいもう》的」な国家という印象すら持ってもらえそうだからです。

そして、「人格の完成」に向けていくらでも問題解決しそうな商品やサービスなどを売り歩く、つまり「求める『能力』」を商業化させることもできそうではありませんか。「あなたはすでに満たされている！」なんて仮に言ってしまったら、生きることを怖がらせ、何かを売り捌《さば》くことを正当化できません。「あなたにはまだまだ足りないものがあるのです」と指摘する販促方法ほど有効なものはないのです。「能力」に限らず、美容でも何でも、次頁の図のように、現代のあらゆる広告を見れば、一目瞭然と言えましょう。二重まぶたにすれば、痩せればもっとしあわせに！　といった宣伝句の多いのなんの。

ティーン向け広告例（湘南美容外科ホームページより）。

頑張った人、「能力」の高い人は報われる

未熟な私たち、絶えず努力の必要な私たち。この設定は、時の政権がことば巧みに世論へ刷り込みます。次のような物言いは、典型例でしょう。

> やる気を持って努力すれば何とかなるんだというような社会にしていきたい。
>
> みずからの能力をどんどん発揮できるような人をどんどん出すということは、仮に格差が広がっても、私は悪いことではないと思っているんです。余り成功者をねたんだり、能力のある者の足を引っ張る風潮というのは好ましくない、そういうことを言っているんです。*1

（ともに「第百六十四回国会衆議院 予算委員会議録 第二十号 平成十八年三月

二日」小泉純一郎首相〈当時〉発言)

小泉元首相の発言というのは、どこか人を惹《ひ》きつけるものがあったことは認めなければならないようです。このザ・新自由主義とも言える源流は、中曾根康弘元首相の時代の電電公社や国鉄の民営化が転換点であるとする見方が一般的でしょう。その後、当時の小渕恵三政権の諮問機関である経済戦略会議にて「日本経済再生への戦略」という答申がまとめられました。長いですが、なかなか衝撃的なので引用しましょう。

日本経済が活力を取り戻すためには、過度に結果の平等を重視する日本型の社会システムを変革し、個々人が創意工夫やチャレンジ精神を最大限に発揮できるような「健全で創造的な競争社会」に再構築する必要がある。競争社会という言葉は、弱者切り捨てや厳しい生存競争をイメージしがちだが、むしろ結果としては社会全体をより豊かにする手段と解釈する必要がある。競争を恐れて互いに切磋琢磨することを忘れれば、社会全体が停滞し、弱者救済は不可能になる。

社会全体が豊かさの恩恵に浴するためには、参入機会の平等が確保され、透明かつ適切なルールの下で個人や企業など民間の経済主体が新しいアイデアや独創的な商品・サービスの開発にしのぎを削る「創造性の競争」を促進する環境を作り上げることが重要である。これまでの日本社会にみられた「頑張っても、頑張らなくても、結果はそれほど変わらない」護送船団的な状況が続くならば、いわゆる「モラル・ハザード」（生活保障があるために怠惰になったり、資源を浪費する行動）が社会全体に蔓延し、経済活力の停滞が続くことは避けられない。現在の日本経済の低迷の原因の一つはモラルハザードによるものと理解すべきである。もしそうであるなら、日本人が本来持っている活力、意欲と革新能力を最大限に発揮させるため、いまこそ過度な規制・保護をベースとした行き過ぎた平等社会に決別し、個々人の自己責任と自助努力をベースとし、民間の自由な発想と活動を喚起することこそが極めて重要である。

（中略）経済戦略会議は、政府が民間に介入し、全面的に生活を保障する「大きな政府」型のセーフティ・ネットではなく、自己責任を前提にしながらも、支援を必要とするすべての人たちに対して、敗者復活への支援をしながらシビルミニマムを保障する「小さな政府」型のセーフティ・ネットが必要だと考える。

(『日本経済再生への戦略』(経済戦略会議答申)』平成一一年二月二六日)

これはもう何というか……。下手に人の助けを借りるようなことのないよう、自己責任で、「活力、意欲、能力」を最大化して、「選ばれる人」になってくださいね――そんな論理を打ち立て、競争を正当化したと言っても過言ではないでしょう。

誰それは報われるべき、誰それは努力が足りない、「能力」が足りない、と序列を明示し、その順にもらいが変われば、生きる糧・豊かな暮らしをしたいおよそすべての人々は、こぞって序列を上げるために、競うようにして頑張る。統治側にとって、政治責任を追及されるでもなく、「自助」の前提で頑張り続ける国民が量産できるだなんて、最高すぎます。

「モラル・ハザード」ということばを用いるあたりも憎いです。あたかも今の国民は怠け者であるかのような性悪説的な人間観を提示し、この世は油断大敵、弱肉強食、競争なのだ、と絶えず吹聴《ふいちょう》する。不安感で人々の頭の中をいっぱいにさせておいたほうが都合のよい人たち……思い浮かぶ面々もいるかもしれません。

こうして「能力」というものは個人の中に眠っている前提で、その差が社会経済的な格差を生んでいるだけだから、頑張って「能力」の差を埋めてください、という礎がつくられたことが見て取れます。

「能力」で「選ばれる」＝「能力主義」ならば平等なのか?

生まれながらの、本人にはどうにもできない出自（身分）で人生が決められるのは不平等。差別的ではない何か、として編み出されたのが「能力」による区別と配分でした。「選ばれる」ことが、より多くを得るためには不可欠であり、そのために常に努力し続ける国民を生んだのですから、実にあっぱれです。……と、ここで次なる問いが湧き上がります——身分制度は不平等だとして、果たして個人の「能力」によって人が人を「選ぶ」ことを是とする＝「能力主義」ならば平等な仕組みなのでしょうか?

「身分制度よりは平等だろ」というお声が聴こえたり、「平等かと言われると違うような……」と頭を抱えていらっしゃる人がいたりするかもしれません。ただ、プロローグの一家のように、今日のあり様を万々歳だとは思えない人は多いのではないでしょうか。「できが悪いから仕方ないよね。あなたがちゃんとやってればねぇ」と言われて、取り分を減らされても、文句は言いにくい。言いにくければ言いにくいほど、内心どこかモヤッとするもの。そもそも「でき」って何？「ちゃんとやる」って？……と。これを口に出せば出したで、負け惜しみ、ルサンチマン（遺恨）などと言われることもあり、さらにモヤッとします。

他方、もらいが多い側は、それが「正当な競争」の結果であることを、絶えずアピールするきらいもあって、事態は実にややこしい。書店に行くと、いわゆる著名人の『〇〇力』『武器になる〇〇力』『〇〇する技術』など、著者の分野における「成功」へのハウツー本が、「能力」をタイトルにして、しばしば平積みされています。

こんなとき、社会学者で障害学を専門とする星《ほし》加《か》良司《りょうじ》東京大学教授のことばには膝を打ちます――「今社会の中で力を持っている人たちっていうのは、これまでの社会において成功を積み重ねてきた人（中略）……自分が成功してきた理由を自分自身の手柄だと思いたい。自分の資質とか能力とかそういうものに紐づけて理解して肯定的なアイデンティティを形成している。それが実は下駄を履いてたんだ」、と。

どこかの誰かの「成功」が、本人の「能力」に還元されたストーリーを目にするたびに思います。「みんなもこの『能力』を高められるものなら高めてごらんよ。そうしたら僕／私のように華やかな未来が待っているかもね、アデュー」[*2]、そんな声をまき散らして、大丈夫なのかと。

二　違和感の代弁者――教育社会学者が語る「能力主義」の欺瞞《ぎまん》

しかしこの「能力」論ですが、誰もその是非を問わなかったわけではありません。人が人を「選ぶ」「選ばれる」とはどういうことなのか。選ばれる人・選ばれない人の違いは、「能力」の違いであって、それによって富んだり貧したりすることは、やむを得ないとする見方について、実証的に待ったをかける代表格が教育社会学――火を見るより明らかな正義であるかのように語られていることの裏を検証する学問――です。できる人はもらいが多く、できない人はもらいが少ない、そう骨の髄まで教え込まれてきた我々ですが、教育社会学は半世紀以上前からこのことの正当性を、真正面から問うています。かつての身分制度は「差別」だとして、本人次第の何かで分ければ文句ないかのように「能力」による配分を良しとするが、それもほんとに平等、正当とは言えないんじゃないですか？　と、膨大なデータを分析することで問題提起したのです。

他にもいろいろとありますが、ここではハイライトとも言える部分に収斂《しゅうれん》してお伝えします。

身分制度廃止以降の救世主と見せかけた「能力主義」の振る舞いに、疑義を向ける教育社会学者たちは、まず第一に、超がつくそもそも論について、指摘してくれています。それは、（Ⅰ）「能力」の仮構的概念性についてです。

「能力」という虚構

「能力」で人生を采配するくらいの勢いでいるけど、誰かそれ見たことあるの？　個人の体内に内蔵されているという前提で、それを「正確に」「測る」だの、「伸長」「開発」する、などと豪語しているけど、本気？（筆者の意訳）――そんな一石を投じてくれているのです。一例として東京大学大学院教育学研究科の本田由紀先生の表現を引いてみましょう。

「能力」や「資質」「態度」はいずれも、人間の何らかの状態を呼び表す言葉だが、これらによって呼ばれている「何か」が実際に存在するわけではなく、私たちが自分の周囲の人々の動きや様子の一部をこのように名付けているにすぎない。しかし、これらの言葉が流通することで、私たちはあたかも人間にはそれらの言葉で呼ばれる「何か」が実際に備わっているかのように感じ、考え、それに基づいて日々の相互行為や判断や、あるいは制度・法律の制定などまでが行われる。

（中略）（この）言葉に、この社会と人々ががんじがらめになっていることが、多くの問題を生み出してしまっている（後略）。

（『教育は何を評価してきたのか』ⅳ～ⅴ頁、括弧内は筆者による加筆）

と仮説を提示した上で、非常に重要な「日本的メリトクラシー」の状況を次のように述べています。

日本で「メリトクラシー」を語る際に用いられる「能力主義」および「能力」という言葉は、①生得的な要素と後天的に獲得された要素を区別しないこと、②個人に内在する性質を意味していること、③「○○能力」と限定せずに「能力」のみで用いられる場合、人間の全般的かつ総合的な性質を意味するため、一元的な高低を想起させること、という意味作用をもつ。「○○能力」と限定して用いられる場合であっても、「○○」に入る言葉の抽象性が高ければ（たとえば「コミュニケーション」や「問題解決」など）、同様に全般的で総合的な高低という意味を伴う。それゆえ、こうした「能力」という言葉を含む「能力主義」も、生得・後天の両面をもつ個人内在的な性質に関する上下の差異化を意味するものとして用いられてきたが、そのこと自体が垂直的序列化を促進・正当化してきた。

（同前、五五頁）

ことばに本田先生らしい堅さと強さがあり、実に頼もしいのです。

また、まずもって概念がはっきりしないのに、影響力がありすぎないか？　といった（Ⅱ）「能力」という不平等の再生産の問題にも教育社会学者は切り込みます。

不平等の解消、ではなく、不平等の納得に過ぎない

不平等を解消したかに見せて、実態は相も変わらず、もとい、より見えにくい形で、生まれ落ちた家庭の階層を引き継いだ階級社会になっているんじゃないの？（再び筆者の意訳）――そう調査・分析結果から実証的に示したのです。つまり「能力主義」の「本人次第でいかようにも人生を選べる！」というのはプロパガンダに過ぎず、実態としては、親の階層を子が受け継ぐ傾向が可視化されたのでした。

オックスフォード大学の苅谷《かりや》剛彦《たけひこ》先生は、公教育の発展と結びつけて、そのことをさらに鋭く批判します。長めに引用します。

日本の学校は、そのような綻びをほとんど外に見せることなく、見事に不平等の再生

産を果たしてきた。日本でも、家庭で伝達される文化資本が、学校での成功を左右していることはたしかである。文字や数字などの記号を操る能力、丹念に論理を追う能力、ものごとをとらえるうえで具体から抽象へと飛躍する能力。これらの能力の獲得において、どのような家庭のどのような文化的環境のもとで育つのかが、子どもたちの間に差異をつくりだしていることは否定しがたい。そして、こうした能力の違いが学校での成功と失敗を左右するであろうことも容易に想像できる。それでも、日本の場合には、学校で測られる学力は、特定の階層の文化から「中立的」であると見なされている。しかも、生得的な能力の差異をなるべく否定し、「子どもにはだれでも無限の能力、無限の可能性がある」と見る能力＝平等観が広まっている。そして成育環境の違いと成績との関係をむすびつけて見ること自体にも、子どもに差別感を与えるのではないかと慎重な態度がとられるのである。がんばればだれでも「一〇〇点」がとれるとする努力主義信仰も根強い。（中略）それほどまでに教育を通じた社会の大衆化が進展したのだ。実際には学校を通じて不平等の再生産が行なわれていても、そのような事実にあえて目を向けないしくみが作動しているといえるのである。

不平等を再生産すると同時に、そうした事態を問題視する視線をさえぎる。不平等を正当化するうえで、もっとも有効な方法が、大衆教育社会成立のなかで編み出されたのである。

（『大衆教育社会のゆくえ』二〇四〜二〇五頁）

――この一石は特に大きく、二〇〇〇年代初頭から「教育格差」の問題は広く認知されるようになりました。熱いですよね、教育社会学。まだまだ口角泡を飛ばしながらの議論が続きます。

止まらぬ抽象化

次いでもう一つ、教育社会学者が問い質《ただ》す「能力主義」に関する論点に、（Ⅲ）「求める能力」の止まらぬ抽象化、があります。「能力」次第で豊かにも貧しくもなるとなれば、人生の一大事であり、当然「能力」の要請にはできるだけ応じようとするのが人の性《さが》。そうなると、かつて「学力」を求められたときは、学校の勉強を一生懸命やれば、それなりの成果が出たでしょうが、だんだんと複雑な様相を呈してきます。

社会で活躍するには、勉強だけできてもしょうがない。「コミュ力」「人間力」「生きる力」といったお馴染みの言説が幅をきかせます。「能力」が抽象化するとはどういうことでしょうか。先の本田先生はこう言います。

単に勉強していればよいだけでなく、意欲や創造性、柔軟な対人関係能力までもが日々の生活において不断に求められる状況は、「社会」が「個人」を裸にし、そのむき出しの柔らかい存在のすべてを動員し活用しようとする状況に他ならない。それは個人にとってあまりにも過酷な状態である。

(『多元化する「能力」と日本社会』三二頁)

要請されたところで、何をどうすると「人間力」がパワーアップしたね、となるのかさっぱり分からない。「正当な競争」を謳うのであれば、明確なルールが必要なのに、ルールそのものを抽象化させているような現象なわけです。「分かる人には分かるでしょ、このレース。ふふふ」なんて感じで社会の配分まで決めるような話など、許されざる事態だと言えないでしょうか。

そんなこんなを踏まえて、教育社会学者は「能力主義」が社会の配分を決める、との一般的な社会の認識について、見直しを粛々と迫ってきたわけです。

三　性懲りもなくいっそう蔓延る「能力主義」

そもそも仮構的な概念であるのに加えて、実は身分制度に負けず劣らず出自の影響を強く受けた、不平等な配分原理だと教育社会学が指摘する「能力主義」。止まらぬ抽象化や「新しい時代」の「新しい能力」、というレトリックが合わさり、[*3] その原理の不平等さはお咎《とが》めなしに私たちを脅かし、急《せ》き立てています。それでも社会は決して「能力主義」を手放そうとはせず、また人々も、「能力」なんて知るもんか！　とは言いません。

複雑化の一途を辿《たど》る「能力」

手放さないどころか、教育社会学が指摘してきた、求める「能力」の抽象化に輪をかけて、汎用化も合わせ技のようになっていると、労働の現場を眺めるたびに感じます。例えばこちらの、帝国データバンクが行った「企業が求める人材像アンケート」結果[*4]（二〇二二年）をご覧ください。「求める人材像」の上位はこんな様相だそうです。

第一位　コミュニケーション能力が高い
第二位　意欲的である
第三位　素直である
第四位　真面目、または誠実な人柄である
第五位　明るい性格である
第六位　専門的なスキルを持っている
第七位　前向きな考え方ができる
第八位　行動力がある

調査が「すべてを兼ね備えた個人であれ」と言っているわけではないと分かりながらも、「求める人材像」と言われるとどうしても脳内で次のように変換してしまう方が多いのではないでしょうか――うまく話ができて、やる気があって、言うこと聞いてくれて、真面目で、かといって冗談が通じない奴ではなく……要するに「扱いやすい人」が企業はいいのね――と。

職場での活躍が、個人の「能力・資質」で決まるのならば、個人にこれらを求めるのは当然かもしれませんが、本当にそうでしょうか。「人材開発」や「能力開発」を取りやめ、「組織開発」をしている私からすると、これは労働者に「能力・資質」として求めるものではなく、事業に必要な「機能」の羅列だと考えます。必要な「機能」群を、いかにして持ち味の異なる者同士が持ち寄るか？　という話なのだと思うのですが……そんな叫びは遠吠えのごとし。個人は個人で、リクルート社の「Z世代（26歳以下）の就業意識や転職動向」調査結果[*5]（二〇二三年）によると、「どこの会社に行ってもある程度通用するような汎用的な能力」を重視する学生が増えている。つまり、下手に尖ったり、専門性を推さずに、「扱いやすい人」という「能力」の汎用化を、若者自らが内面化していることが見て取れるのです。

政府の「求める人材」「求める能力」

こちらの図表（五七頁）を見てください。なかなか衝撃的です。私は見た瞬間、椅子から転げ落ちそうになりましたが、皆さんは大丈夫でしょうか。政府はまだまだ「能力」贔屓《びいき》と言いますか、有能な個人の育成に大変意欲的なことがよく分かります。これは経済産業省が二〇二二年に出した、「未来人材ビジョン」という提言書にあるスライドです。「あらゆる人が時代の変化を察知し、能力やスキルを絶えず更新し続けなければ、今後加速する産業構造の転換に適応できない」と前置きした上で、「こうした変化に対処するため、産業界と教育機関が一体となって、今後必要とされる能力等を備えた人材を育成することが求められている」と産学連携への期待を覗《のぞ》かせ、最後は「将来起こる大きな産業構造の変化に対応するため、本推計を一つの参考として、一人ひとりが新たな能力・スキルを身に付けて、次の一歩を踏み出す契機となることを期待している」と締めくくる。

やや上のほうから、私たちに経産省の皆さまならびに識者の皆さまが進言して終わるのです。中村高康先生をはじめ、教育社会学者が「新学力観」が何ら実は「目新しい能力が唱えられているわけでもないと指摘するのもなんのその、新しい時代にはますますの「能力」伸長・開発を！　というロジックを、社会システムを構想・監理する側が依然声高に称揚するのです。さらに、経産省の方々はご丁寧にこの提言書で一覧も用意してくださっています。なんと先行研究を洗い出して、「必要な能力」を五六に整理してくださったというのです。

極めつきは二〇五〇年を見据えて（！）トップ10の「必要な能力」も選んでくださったようです。ありがとうございます。

「能力」という仮構的な概念を疑うどころか、有る大前提。しかも、時代の変化に対応する国民であるためには、相応の「能力」獲得に懸命になることは当然のたしなみであるかのごとく。国家の成長は我々一人ひとりがこれら数多《あまた》の「求める能力」を備えれば確かなものになるのか、どうなのか。そもそもこんな「求め」に現実的に応えられる人間はいるのか、どうなのか。いろいろと分からずじまいです。

ダメ押しでもう一つ、いっそう跋扈《ばっこ》する「能力主義」にまつわる世相を提示します。

先行研究における「意識・行動面を含めた仕事に必要な能力等」は、

56項目から成る人の能力等の全体が整理されたものである。

意識、行動面
意欲・積極性
自発性
ねばり強さ
向上心・探究心
責任感・まじめさ
信頼感・誠実さ
人に好かれること
リーダーシップ
協調性
柔軟性
注意深さ・ミスがないこと
スピード
社会常識・マナー
身だしなみ・清潔感
体力・スタミナ
ストレス耐性
社会人、職業人としての自覚
現在の職業に特有の態度・行動

ビジネス力
情報収集
状況変化の把握
的確な予測
的確な決定
問題発見力
ビジネス創造
革新性
戦略性
客観視
説明力
交渉力

基礎的機能
基本機能
知的機能
感覚機能
運動機能

スキル
基盤スキル
学習スキル
数理スキル
言語スキル：文章
言語スキル：口頭
テクニカルスキル
ヒューマンスキル
コンピュータスキル
モノ等管理スキル
資金管理スキル
段取りのスキル

その他
仕事に関係する人脈
資金力
仕事に関係する免許・資格
現在の仕事に特有な知識や経験

知識
科学・技術
化学・生物学
芸術・人文
医療・保健
ビジネス・経営
外国語
土木・建築
警備・保安

（出所）独立行政法人労働政策研究・研修機構「職務構造に関する研究Ⅱ」を基に経済産業省が作成。

18

現在は「注意深さ・ミスがないこと」、「責任感・まじめさ」が重視されるが、

将来は「問題発見力」、「的確な予測」、「革新性」が一層求められる。

56の能力等に対する需要

2015年	
注意深さ・ミスがないこと	1.14
責任感・まじめさ	1.13
信頼感・誠実さ	1.12
基本機能（読み、書き、計算、等）	1.11
スピード	1.10
柔軟性	1.10
社会常識・マナー	1.10
粘り強さ	1.09
基盤スキル※	1.09
意欲積極性	1.09
⋮	⋮

※基盤スキル：広く様々なことを、正確に、早くできるスキル

2050年	
問題発見力	1.52
的確な予測	1.25
革新性※	1.19
的確な決定	1.12
情報収集	1.11
客観視	1.11
コンピュータスキル	1.09
言語スキル：口頭	1.08
科学・技術	1.07
柔軟性	1.07
⋮	⋮

※革新性：新たなモノ、サービス、方法等を作り出す能力

（注）　各職種で求められるスキル・能力の需要度を表す係数は、56項目の平均が1.0、標準偏差が0.1になるように調整している。

（出所）2015年は労働政策研究・研修機構「職務構造に関する研究Ⅱ」、2050年は同研究に加えて、World Economic Forum "The future of jobs report 2020", Hasan Bakhshi et al., "The future of skills: Employment in 2030"等を基に、経済産業省が能力等の需要の伸びを推計。

20

経済産業省「未来人材ビジョン」より

問題視すら許されない「能力」――「ご機嫌」「しあわせ」「怒らない技術」

抽象化、汎用化を経て、もはや「能力」は神格化レベルに入っている。そう私は感じています。テストでいい点数をとり、よい学校へ入る。そんな分かりやすい「学力」から、気づけば「人間力」という何かを言っているようで何も言っていない、中身がよく分からない「生きる力」などの「能力」養成へ、という系譜を辿ったことは、教育社会学の研究から見てきました。それが今や「センス」や「美意識」「リーダーシップ」「アントレプレナーシップ（起業家精神）」、はたまた「ウェルビーイング」などなど、「能力」次第で人生の取り分を決めると豪語するわりには、何をもってそれが高いのか・低いのかも分からなければ、仮に測定・評価され、「あなたは『リーダーシップ』が足りない」と言われたところで、何をどうすべきかよく分からないものが台頭してきています。「ウェルビーイング」なんて、もはや「イルビーイング」もあるのかよ！　とツッコミたくなるのは私だけでしょうか。人間は調子がよいときもあれば悪いときもあるものです。それをもコントロールできることを求めるのは、神の領域ではないでしょうか。

加えて昨今では、「機嫌」なんてのも、おっかないなぁと思って世論を眺めています。[*6]機嫌よくいろ、とは言うものですが、いつ何時も、となると、ことばの響きとは裏腹に非常にマッチョな話。他者や自分の機微に気づき、心を痛めたり、それに対して何かせねばと心を燃やすことや、たとえうまく行動できなくてもメラメラと闘志を燃やすことなどなど……しかめっ面になってしまうときだって、誰の人生にもあります。そんなときですら も、「機嫌よくいろ」と言うのは、相手を黙らせるだけではないでしょうか。神学者で東京女子大学学長の森本あんり先生も『不寛容論』の中で「『相手を心から受け入れ、違いを喜びなさい』というポストモダンのお説教」と表現しており、誠に溜飲《りゅういん》が下がります。

その不寛容さ、非現実さを批判しようものなら、それすらも「だからお前はダメなんだよ」と言われそうなのも、実におっかない。社会問題を深刻に捉える、真剣な解決を目指すこと自体が忌避されているきらいすらあるように私は思うのです。「怒らない技術」[*7]なども結構なことですが、個人がいつもご機嫌で、目くじら立てないことが推奨されてしまうと、本来見直されて然るべき社会の構造や政治的な問題はどうなってしまうのか、とても気がかりです。

このようにして、人として当たり前の感情すらも個人のコントロール下に置かれ始めている「能力」。あれが必要、これが必要と、要請されることには終わりがなく、個人は「能力」獲得に向け、右往左往。真面目であればあるほど、自分の責任・問題であると考え、構造的な問題からは目を逸らさせる格好の逃げ口上になっているとも言えます。これでは体制側は当然、「能力主義」を手放そうとしません。人々の側も、プロローグの一家のように、薄々疑問は持ちながらも、当たり前のように社会の仕組みが「能力主義」的につくり込まれすぎているため、従わない手立てはそうそう見当たらないのです。

「能力開発」「人材開発」業界の隆盛

あぁもうがんじがらめすぎる！　と嫌気が差してきたかもしれません。「能力」の急所について考察を重ねる前に、もう一つだけ、とある業界による熱烈な「能力」称揚の実態について、述べておきます。お気づきの方も多いかもしれません――「能力開発」「人材開発」業界です。「能力」に基づく「選抜」は、政治的プロパガンダ一つでここまで流布したわけではないのです。政治的な「人間観」の「設定」を受け、それに沿った教育が生

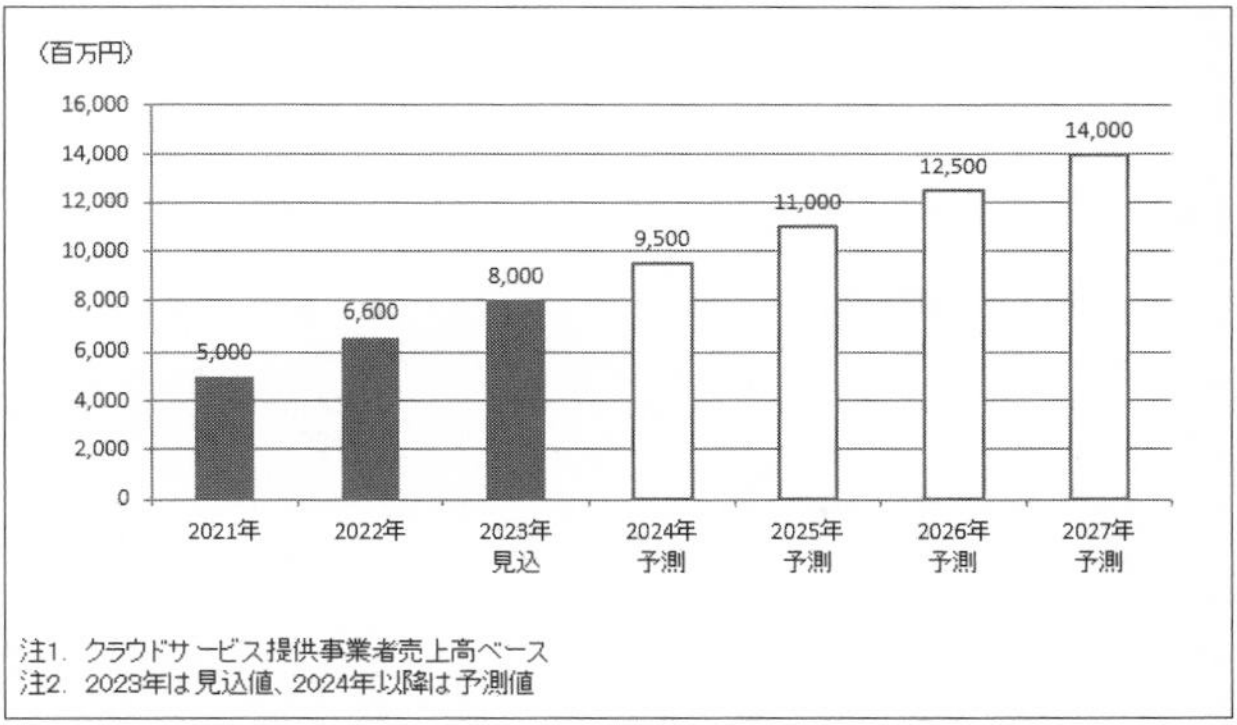

従業員エンゲージメント診断・サーベイクラウド市場規模推移・予測（矢野経済研究所調べ）

まれ、さらにバトンを引き継ぐのは、（個人に内在する）「能力」を商業化する「能力開発」「人材開発」業界である。これは自戒を込めて初作でも書きました。

例えば、「能力開発」「人材開発」の分かりやすい主戦場の一つといえば、社員がどんな思いや状態で仕事をしているかを探る、「従業員エンゲージメント調査」の市場ではないかと思いますが、上図のような市場規模推移と未来予測が公開されています[*8]。

なんたる右肩上がりな成長予測でしょうか。業界全体としても矢野経済研究所のレポートに次のような見通しが掲載されていました。

企業の採用意欲や教育投資意欲は落ち込んではおらず、人的資本経営＝人材を「資本」として捉え、その価値を最大限に引き出すことで中長期的な企業価値向上につなげる経営を推進する国の動きや、その動きを受けてのパーパス経営＝社会に与える企業の存在意義や価値を軸にした企業経営に取り組む企業が増えていることも相まって、人材育成に対する投資意欲はむしろ高まる方向にある。

（「企業向け研修サービス市場に関する調査を実施（２０２２年）」）

私もコンサルティング・ファーム勤務当時の先輩からいろいろとお話を伺うのですが、外資も内資も口をそろえて、「超がつく活況」と言います。その背景として、人的資本経営の開示義務やパーパス経営（組織の存在意義を重視した経営スタイル）などが声高に叫ばれているから、と耳にします（公開されている売り上げデータがあるわけではもちろんないですし、聞いた話なのであまり大きな声では言えませんが）。

つまり、学校の次は職場をはじめとする労働の現場が火付け役となり、誰もが「選ばれる人材」になれる日まで、「能力」論の自己増殖は果てしなく繰り返されるのです。

業界各社（株式会社プラスアルファ・コンサルティング／一般社団法人ワーク DX 推進機構／株式会社 HRBrain ／ NewsPicks）のホームページから抜粋し、筆者が作成。

科学的、客観的な「能力」商品

ちなみに、この業界が人々に不要なものを売りつけているわけでは毛頭ありませんので、悪しからず。多くの人が求める「成功」のカギが、「能力」の獲得にあるとの見事な設定が功を奏しているのです。

特に昨今のお墨付きと言えば、上図に見られるような科学的客観性、「データドリブン」[*9]「エビデンスベースド[*10]（ＥＢ）」な人事、という潮流ではないでしょうか。商業化の言説には、このようなバズワードが散見されます。

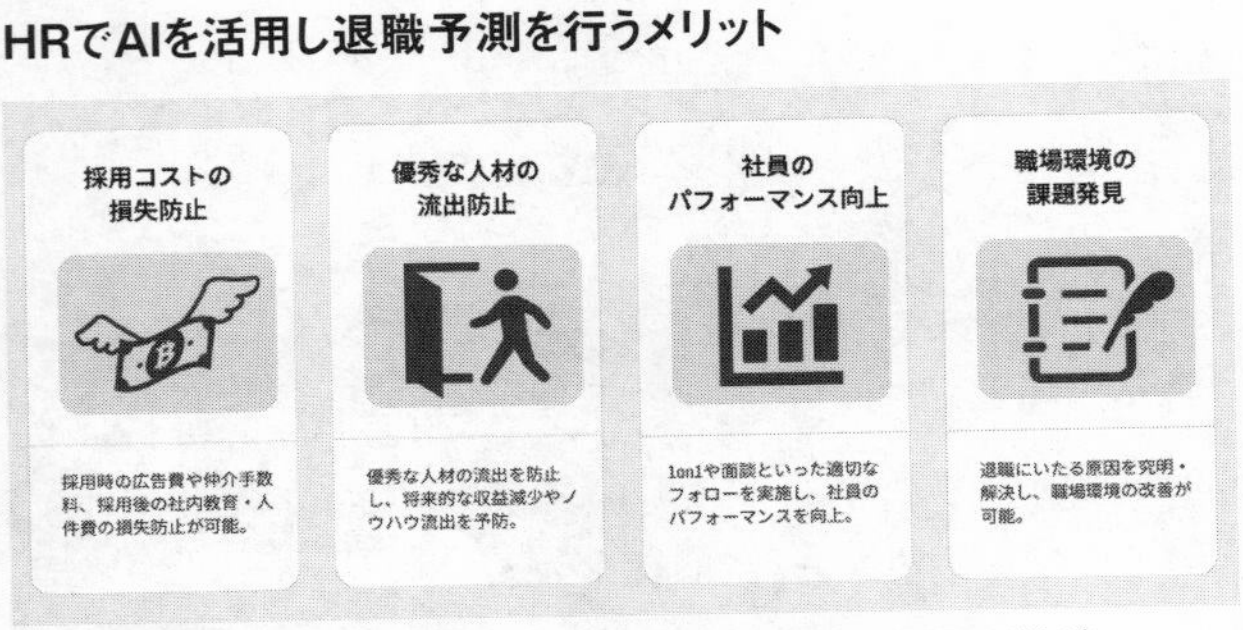
HRでAIを活用し退職予測を行うメリット
採用コストの
損失防止
採用時の広告費や仲介手数料、採用後の社内教育・人件費の損失防止が可能。
優秀な人材の
流出防止
優秀な人材の流出を防止し、将来的な収益減少やノウハウ流出を予防。
社員の
パフォーマンス向上
1on1や面談といった適切なフォローを実施し、社員のパフォーマンスを向上。
職場環境の
課題発見
退職にいたる原因を究明・解決し、職場環境の改善が可能。
退職者予測のツールを宣伝する図（株式会社 MatrixFlow ホームページより）。

無駄は悪。生産性・タイパ至上主義

科学的客観性というお墨付きを得た上で言うと、科学の特技は予想をすることです。最速・最短・最善めがけて、シミュレーションに精を出すことで、「無駄」を省き、昨今の最重要課題の一つ、「生産性」「効率性」、もっと平たく言えば「タイパ（タイムパフォーマンス）」への効用も声高に謳います。

上に挙げている図は、退職者を予測するＨＲテック（ＡＩなどＩＴを活用した人材サービス全般）の一例です。そもそも「誰が辞めそうか教えて！」という発想からしてすごいな、と息をのむのですが、これは、日頃のコミュニケーションや出勤・退勤時間、有給休暇取得などのデータから、モチベーション（極端に下がれば

emol株式会社が毎年発表している業界カオスマップ。

退職）を予測するもの。図の左端にあるとおり、「採用コストの損失防止」など、確かに予見できれば時間もお金もセーブできそうです。おっかないですけど。

「こころ」「メンタル」とも蜜月な「能力」

さらに、です。「能力」が手をつなぐのは、昨今では「こころ」「メンタル（精神）」であることは初作でも指摘しました。「リーダーシップ」「起業家精神」「ホスピタリティ」……など、もっと言えば、「性格」も入ってきます。曖昧《あいまい》模糊《もこ》としながらも圧力だけは尋常でない競争を強いられ、時に心が折れることがある中で、つまずいた人へのケア、ないしはつまずく前の杖《つえ》としてのメンタルヘルスケア産業は実に太いのです。

前頁のメンタルヘルス業界のカオスマップをご覧ください。カウンセリングにコーチング、メンタリング、医療的なメンタルヘルスの取り組みもグンと市民権が増しました。「うつ病は心の風邪」と英グラクソ・スミス・クライン社が打ち立てたのは一九九九年。[*11]最近は「うまくいかないのは、発達障害だからでは？」というメンタルヘルス業界と「能力」論の合体版ができています（左図を参照）。向かうところ敵なしの市場でしょう。

「能力主義」が渡る危ない橋──序章まとめ

さて、いろいろと見てまいりました。が、これにて、「やっぱり『能力』上げなきゃダメだよね！　支援サービスもたくさんあるし」なんて、奮起している場合じゃありません。

繰り返しになりますが、「能力」をこの目で見たことのある人はいません。なのに、その存在を大の大人も信じ切っていて、「正確に測る」と称してテストをし、他者のそれと比較、「もっとああしろ、こうしたほうが将来のためだ」と「欠乏」を突きつけてみたり、「上には上がいるぞ」と発破をかける。際限なく高みを目指すよう、縦方向に「能力」獲

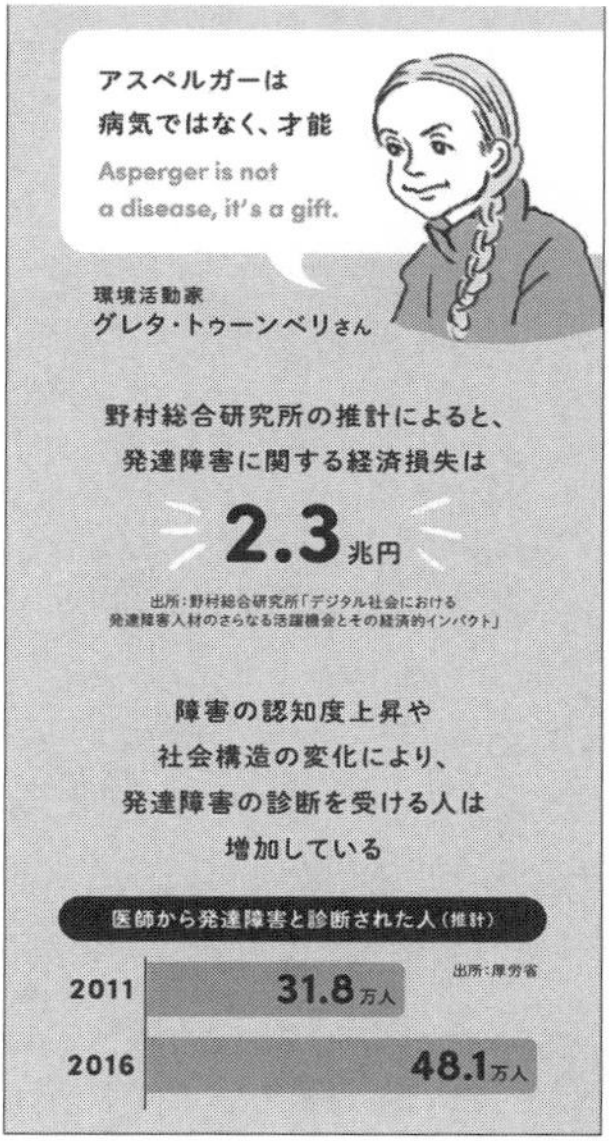
アスペルガーは
病気ではなく、才能
Asperger is not
a disease, it's a gift.
環境活動家
グレタ・トゥーンベリさん
野村総合研究所の推計によると、
発達障害に関する経済損失は
2.3兆円
出所：野村総合研究所「デジタル社会における
発達障害人材のさらなる活躍機会とその経済的インパクト」
障害の認知度上昇や
社会構造の変化により、
発達障害の診断を受ける人は
増加している
医師から発達障害と診断された人（推計）
出所：厚労省
2011
31.8万人
2016
48.1万人

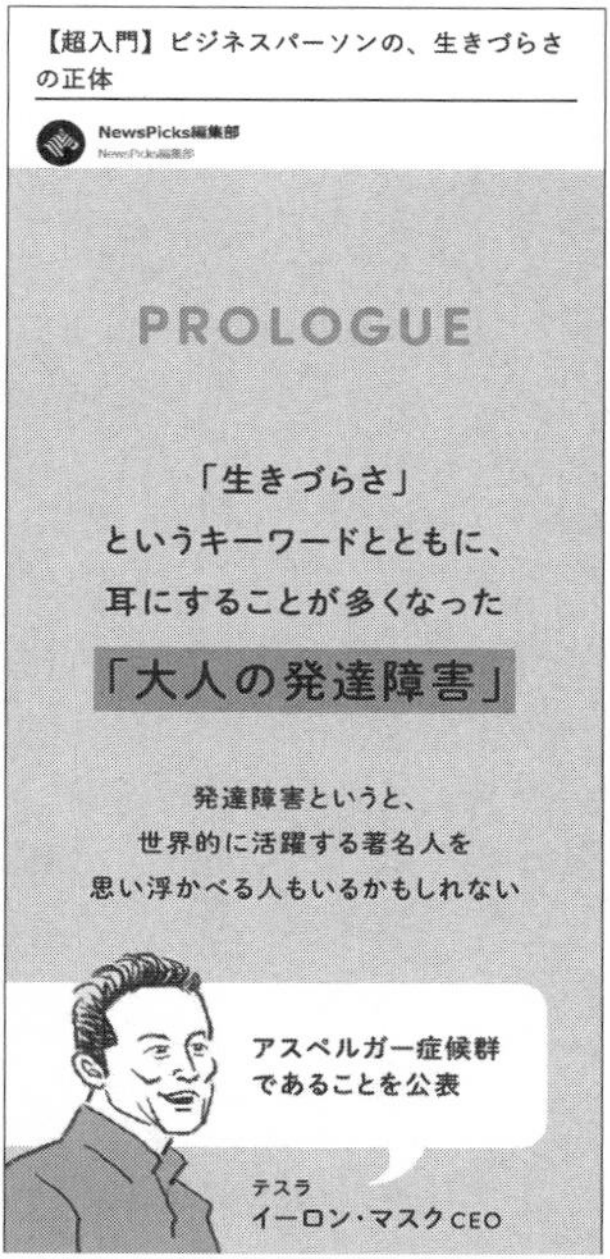
【超入門】ビジネスパーソンの、生きづらさの正体
NewsPicks編集部
PROLOGUE
「生きづらさ」
というキーワードとともに、
耳にすることが多くなった
「大人の発達障害」
発達障害というと、
世界的に活躍する著名人を
思い浮かべる人もいるかもしれない
アスペルガー症候群
であることを公表
テスラ
イーロン・マスクCEO

NewsPicksが打ち立てた「みんなで考える発達障害」特集。「発達障害に関する経済損失2.3兆円」とは何を指しているのだろうか？（現在は削除）。

得を促される。いや、縦方向のみならず横への広がりも半端ないことは先に述べたとおりです。「上には上がいるぞ」に飽き足らず、「『新しい時代』が『求める能力』は……」と社会的に存在感のある人たちが次から次へと「能力」獲得命令を出します。

　そしてその指令は、学校教育という伝播《でんぱ》ル

ートが受信し、その後滞りなく労働の現場に引き継がれることも見てきました。「能力開発」「人材開発」業界による「『能力』の商業化」の熱烈なバックアップの甲斐あって、職場でも「能力」を獲得し続けることが疑いようのない「正義」になっているのです。「能力」は縦にも横にも触手を伸ばし、時に個人のそれを伸ばしてみたり、叩《たた》いてみたり。「選ばれる人」になるために、気を抜いている暇はありません。

しかし、この状況をこの先も続けていくことが、社会をよくすることだと言えるでしょうか。初作を上梓したのち、たくさんのお手紙などをいただきましたが、共通しておっしゃっていたことを挙げるならば、それは「もう、疲れました」に尽きます。それもそのはずだと、心底同感です。

私は個人の「能力」以外で、自分や他者のことを「分かり」「分け」「分け合う」実践を組織というフィールドで行ってきました。今挙げた、「能力開発」「人材開発」が個人を開発・介入先と捉えるのに対し、こちらは「組織開発」と呼ばれる方法論です。田を耕すように組織という土壌を豊かにする行為なわけですが、この実践は、進行がんの闘病が始まってからますます、私の志向にしっくりきています。人間との向き合い方、組織の捉え方が、個人の「能力」を扱う分野とまるで異なるのです。例えばどんな景色の違いがあるのでしょうか。そんなことを説明させていただくと、「能力」の急所ともいえる、「能力」論の限界が見えてくると考えます。

その点について、いよいよ第一章で迫ってまいりましょう。

第一章　「選ぶ」「選ばれる」の実相――能力の急所

一　急所を探して
――教育社会学を修め、人材開発・能力開発を仕事にしてきた者から

ここまで見てきたとおり、人が人を選び・選ばれること――それも能力によって――の正当性は政治的プロパガンダや、能力開発業界が牽引《けんいん》してきた能力の商品化により広範に流布され、もはや疑いようのない常識にまでなりました。家柄やルックス、住まいのあるエリア……そうしたものを「分ける（分類する）」ことで個人を把握し（「分かった」気になり）、限られた資源の「分け合い」を決めることは、差別とされる。しかし能力を軸に「分け」「分け合い」の原理に活用することは、そう咎められることはありません。

ですが、個人の能力でその人のことを「分かった」気になるのも、能力により「分け」「分け合う」のも、実は不平等だと指摘してくれたのが教育社会学だと述べてきました。頑張れば（努力して能力を高めれば）何にでもなれるなんて、真っ赤なウソだ！（意訳）——こう実証的に訴えてくれたことは、本当にありがたいことです。この知見があったから、個人の能力の問題ではなく、社会が「設定」するゲームのルール、つまり、配分などの重要な社会原理を見つめ直す習慣が、私にも多少なりともついたように思っています。

しかし、です。本質をとことん追究したくて、あえてまだ疑ってみるのですが、急所を突き切れてはいないような気がするのです。教育社会学の視座を注意深く受け取った上で、職業社会へ浸かり、かつ闘病している私としては……教育社会学とはまた別の角度から、能力主義社会に対する視座を提示できるような気がしています。人が人を選び・選ばれることを当たり前のこととし、それも個人の能力による選抜を是とする能力主義。その死角に迫る三つの視点について、以下述べてまいりましょう。

……とその前に。これからお話ししたいことに気づかせてくれる、とてもよい事例になるので、とある教育社会学の名著をご紹介させてください。ほんとに面白いんです。

二　空想社会科学小説『メリトクラシー』の含意

一九五八年、イギリス。一人の社会学者、その名もマイケル・ヤングが、二〇三四年のイギリス社会を空想して、能力をテーマにした社会科学小説を描《えが》きました。風刺文学とも謳われるその書は"The Rise of the Meritocracy"（メリトクラシーの興隆）。空前の大ヒットとなり、世界七か国で翻訳され、二〇二一年には日本語版も復刊しました。イギリスの話のようで、イギリスだけの話では到底ない、という意味で、能力主義の根深さが見てとれます。ハリー・ポッターもびっくり（かも）の、イギリスが生んだ不朽の名著とも言えましょう。

これまでの話をなぞるようですが、「メリット merit」つまり「その人は何ができるのか。どんな貢献をしてくれるのか？」によって人の学びや仕事、いわば人生を采配していく仕組みを、メリトクラシーと呼びます。貴族制をアリストクラシー、民主主義をデモクラシーと呼ぶのと同じことばのつくりです。

ちなみに、“The Rise of ...”なんてタイトルにあるので、日本語では「到来！」のようなニュアンスを感じるかもしれませんが、これも「風刺文学」と呼ばれる所以《ゆえん》であることはお気づきいただきたいポイントです。やったね！　ついに！　の真逆。ここに描かれているのは、能力で「完璧に」人が分け隔てられることの顚末《てんまつ》、ディストピアそのものなのです。詳細は当該書をお読みいただくか、教育社会学者の記す書籍[*1]の中にもたびたび登場するのでご参照いただきたいのですが、特にこの小説を際立たせる点を以下に挙げます。

「国家検定知能指数」！

ヤングの描くメリトクラシー社会の到来をユニークなものに仕上げているのは、その大前提と考えます。「メリット」——馴染みのことばを優先させて使うことにしますが——つまり「能力」が完璧に測定できるようになった、という科学技術の進歩を前提にフィクションが進んでいくことこそが最大のミソです。ちなみにそれ以前の社会はというと、お察しのとおり、イギリスも世襲、つまり生まれによって人生の歩みが決められ、次いで年功序列でした。それが、（こんなにネタバレしていいのか分かりませんが）小説内の一九八九年に「人工頭脳学」（という設定。いわゆる心理学）の大躍進により、「知能テスト」と「適性テスト」の精度が格段に向上し、完璧ともいえる「誰に何をやらせるのか？」＝つまり職業分配のアルゴリズムが完成したのです（という設定なのです）。小説内でこれを「国家検定知能指数」と呼び、大胆にも「仕事にどのくらい貢献できるか」の指数を個人のメリットであるとして、話は進んでいきます。

ドキッとした方がいらっしゃるかもしれません。私もです。かつて人材開発業界で、人の「知能」や「性格」といった特徴を測る、まさに「科学的」なテスト（アセスメント）を設計したり、顧客に売って、クライアント先企業の「人材の『能力』向上」を唱えてきた私は、この小説と最初に出会った大学院時代以降、実はいつも胸のつかえがありました。ヤングの小説はSFのはずなのに、まぁまぁ近しいことが起きているじゃないか……私なんて思い切り現状に加担しているじゃないか……と。[*2]

ただし、「近しい」だけで、現実はもちろん異なります。何と言ってもいまだに能力を「完璧・正確に」測る技術は、ここまであらゆる技術革新を経ても達成されていません。ですが、これはちょっと面白い思考実験ができそうな気がしてこないでしょうか。

完璧な仕組み、という地獄

というのも、ヤングの物語をあえてキャッチーに言うならば、「完璧な仕組みで完璧な采配をしても地獄」という話になります。この含意は、組織開発者として日々さまざまな企業に出入りする中でいろいろと思うわが身を、強力に惹きつけます。なぜなら、現実の職場の多くは、不完全な仕組みながらも、なんとか回っている。そんな状況との対比が浮かぶからです。時に誤りもあるだろうけれども、そのときどきで揺らぎながら、事を進めている現場の人々。それを思うと、組織の安寧は案外、揺らぎの中にあるのではないか――そんなことを思うわけです。はっきりとは書かれていませんが、ヤングもそういうことこそ、伝えたかったのではないかという気がします[*3]。

こうして考えてみると、組織の安寧というのは、リアルな職場の状況と深く関係しているのではないか？　私にはそんな仮説が湧いてきます。そのポイントとなる三つの論点を見てみましょう。ちなみに空想社会科学小説の内容に対する仮説ですから、検証のしようはありません。思考のエクササイズだと思ってお付き合いくださると幸いです。

① 人が人を選ぶ、の実態

ヤングが仮定した人が人を選ぶことの「完璧」さについて、まず第一に、こんなことを思います。

常々組織開発の仕事で多種多様な業界、規模、職種……に触れるたびに、

「人間同士が選び・選ばれることって……言うほど制御可能ではないぞ」

と。人が人を合目的的に選べるはず・選ぶべき、という発想自体が実は、非常に限定的な対象にしか当てはまらない話のように思うのです。どういうことか。

採用候補者という潜在的な従業員を含め、人員が潤沢なごく一部の超大企業は別として、中小零細企業のほとんどが、現実的には人をそこまで「選んで」はいません。「選べませんー」と言ったほうがよいかもしれません。わが社には「○○力」を持った人が必要だ、もっと「イノベーティブな人材」を、などと熱く語ろうとも、今いる社員もこれから会う人

も、かなりの割合で、偶然の巡り合わせによるものである企業は少なくないのです。巨大企業は、大規模なコンサルファームに人材の相談をするものですが、私の会社は中小零細企業がメイン顧客層。常日頃から私どもは、選ぶ・選ばないの話ではなく、縁あって出会った人をどう活《い》かし合うか？　こればかり考え、組み合わせをいじったりしながら、改善していきます。「どのように人を選べば、最大の効果を見込めるか？」なんてのは、贅沢《ぜいたく》な悩みというか、二の次、三の次、ちょっと浮き世離れした話だわ、という企業こそ多数派というわけです。

翻って考えると、人が人を「戦略的に」「選べる」前提で、「どう選ぶべきか？」の議論は丹念にしてきたかもしれませんが、ここに、そもそも論的な穴が残されていると考えるに至ります。「能力で選抜することも実は危ういよ？」という教育社会学の主張は世紀のパラダイムシフトでした。しかしその前提から一般的な論点に立ち向かってしまうと、どうしても、「じゃあどんな基準で『選抜』するのがいいのか？」という視点に留《とど》まってしまうことも事実ではないでしょうか。本来、「ＨＯＷ（どう選ぶか）」がスタート地点ではありません。「ＷＨＹ（なぜ選ぶのか）」こそ問うべきと考えます。

そう問うていくと、改めて、能力の中身に拘泥していてはもったいないと気づきます。そもそも、能力だろうが何だろうが、人が人を選び・選ばれる状況というのは、実はそれ自体がものすごくレアケースなのですから。であるのに、人と人との不自然な出会いや関わり合いの検討に、我々はやたらと傾倒してしまっていないでしょうか。組織開発者としての経験のみならず、プロローグの家族の話のように、学校でも結婚相手を探すといったことでも、類似した体験があるはずです。選び・選ばれると意気込むものの、結果的には神のみぞ知るような状況も多分にある。つまり、よく分からない。いつもどこか揺らいでいる。でもそれが、仕事であり、家族であり、人と人との関係性というものなのだと思えてなりません。

② たった一人で仕事をしている人なんていない

もう一つ思うのは、個人の能力について、どういう人が優秀で、どういう人は凡人か、などという点は、巷《ちまた》でも、会社でも、学問的にも探究されてきています。ですが、人の評価の話ではなく、仕事の「成果」を何で見るか？　については、ヤングとて言及がほとんどありません。そこでまた自身の組織開発経験から記憶を手繰り寄せるに、こんなことが頭に浮かびました。

「仕事の『成果』って、何を想像してヤングは書いたのだろう？[*4] そんな、個人単位の功績、手柄がはっきりと分かるものばかりが仕事じゃないけど？」

ということです。一部の孤高の数学者あたりを除いて、一人きりで仕事をしてます、という人はいかほどいるでしょうか。棋士とて違うと思います。対戦相手、商売の相手（顧客）、仲間、補佐……いろいろな呼び方があると思いますが、他者の動きを想定しながら、他者の存在を自己に投影し合いながらやるのが仕事です。そうして、持ちつ持たれつ繰り広げられる仕事なはずですが、「成果」「功績」「手柄」の話になると、急に個人単位になる。これはいささか無理があるのではないでしょうか。他者がいて、自分という存在が呼応しながら、なんとかやるのが仕事。次のような例で考えてもいいかもしれません。

仕事の「貢献度」に序列はない

目標管理制度は非常に多くの企業が取り入れていますが、文脈依存的に穴を埋め合うような業務を日頃複数人でこなしながら、「評価」と称して突然個人単位で目標を考えさせられたり、はたまたその「でき」を個人単位で振り返らされることに、苦々しい思いをしている人は少なくありません。メーカーならば、技術開発部が偉いんでしょうか？　はたまた顧客に届けている営業が功労者でしょうか？　情けないほど不毛な議論だと皆さんも思うはずです（まぁ現場でも、どっちが〈誰が〉貢献している・していない、と言い争っていたりもするのですが……）。どっちがどう、ではなく、工場ラインの方々、カスタマーサポート室のオペレーター、物流センターの方々……本当にたくさんのいろいろな方々に支えられて、自分の持ち場（仕事）は存在しています。みんなで一緒にあーでもないこーでもないと紡ぐ仕事を、評価をするための便宜上、恣意的に個人単位で切り取っているのです。能力という、組織における「貢献度」の見える化というのは、そもそも仕事の協働性からして、便宜的なものなのです。

他の角度も検討しましょう。『アダム・スミスの夕食を作ったのは誰か?』という書籍があります。なるほど、確かに『国富論』を著したのはアダム・スミス本人ですが、彼の生活はというと、生涯独身で身の周りの世話は母親がすべて引き受けていたといいます。つまり、経済学者の活躍も、誰かの地道な仕事のおかげであり、逆もまた然りで、母親はきっと優秀な息子の世話は大変とはいえご自身の存在意義の一つにもなっていたのでしょう。やはり、たった一人の「功績」というのはそうないのだと思えてきます。

③「できる・できない」「もらいが多い・少ない」が問題なのか?

できる人はもらいが多く、できない人はもらいが少ない——という「能力主義」的な原理を、教育社会学は、分配原理として不平等だと指摘してきました。さらに私は、それを「不平等」だと指摘する時点で、隠れた所与の前提があるように思っています。何かというと、「でき」による配分を問題視するというのは、皮肉なようですが、「少ないより、多くもらえたほうがいいに決まってるよね?」という素朴な大前提の上にあるからです。意外に思うかもしれませんが、

「できる・できないは、本人の努力だけじゃないのに、それでもらいの多寡が決まるなんて、不平等だ」

――この主張は、できる・できない、もらいの多・少ともに、前者が優、後者は劣と二項対立的に置いて初めて成り立ちます。いわば、「できがよく、多くをもらえたほうがいいに決まってる」前提なのです。いざはっきりそう言われると……皆さん納得できるでしょうか。

同様に、次のことばも実は、曰《いわ》くつきだと踏んでいます。何度か出してきていますが、「格差」ということばです。このワーディングだからこそ社会で広く問題視された面も多分にあるわけですが、どうも妙な感じがしてくるのです――経済的、社会的資本の配分が異なることは、「格」の「違い」なのか？　と。「多いものが格上で、少ないものは格下。ほんと格差ってよくないですよね」というのは、やさしい響きでありながら、「格」を問題として「設定」する側のある種の危うさが透けて見えないでしょうか。

自身を振り返るに、先の論への違和感が拭えないのです。例えば私事ですが、二〇二〇年夏、三八歳のときに進行性の乳がんが見つかりました。以来治療が続いていますが、やっぱりがん治療というのは、そう楽なものではありません。もともと我慢強いほうだと自負してはいますが、それでも吐き気や下痢、身体《からだ》の痛みなどなど……寝るのも地獄、起きているのも地獄、という状態もあります。そんなですから、颯爽《さっそう》と歩くとか、もはや無縁。つまり、できる・できないで言ったら、私はできないことが多い人と言ってもよいでしょう。

能力じゃなくて、「ルッキズム」で考えても同じです。体重は減少しているのに、薬の副作用でパンパンに膨らんだ、髪はおろか、まつげも一本たりともない妙に淡泊な顔をした自分は、「美しい・美しくない」などで取り分が決まるとしたら、もらいは少ないと思われます。

しかし、この「できがよく、多くをもらえたほうがいいに決まってる」という前提は、大事なことを見落としていると言わざるを得ない。私で言えば、確かに病前より体力もなく、免疫抑制が副作用としてある分子標的薬を飲んでいるため、感染症にもかかりやすい。

仕事「量」でいったら、かつてより減っている。仕事をこなす量が減っているのなら、もらいも少ないのが「能力主義」的配分です。貨幣経済社会において、働きが少ない人はお金の入りも減って当然なのです。しかし、例えば、仕事の「質」はどうでしょうか。本人はなかなか気づけないものですが、病前病後変わらずお付き合いくださるクライアントは口ぐちに、「今のほうがいいですよ」と言ってくださる。お世辞かもしれないですけど。ただ、自分としても今の自分のやり方に、しっくりきています。

私なりに考察するに、病気をする前までの私は、すでに組織開発に従事していたものの、どこかまだ自分への過信もあったように思います。頑張っても避けられないことや、頑張ってもどうしたってできないことがあることを、腹の底から理解はしていなかったのかもしれません。自分が「高い能力」の要請という、ストライクゾーンの狭い、他者評価のものさしを当てられてつらい立場になってみて初めて、感じていることかもしれません。

また別の角度から考えると、お金のもらいは減るのかもしれませんが、もらいが爆増しているといえるものもあることに気づきます——月並みな表現ですが、他者からの支えです。

毎週毎週、手づくりごはんをうちまで運んでくれる友人。「暑い」とSNSに書けば、ゼリー状栄養剤やらを即Amazonから送ってくれる友人。就労時間以外にも「療養するためにぜひ」と申請などの手間もなしに、独自の運用でわが子を預かってくれた保育園の先生方。初作のきっかけとなった、文化人類学者の磯野《いその》真穂先生の寄り添い……挙げ切れず申し訳ありませんが、失ったのは体力と仕事時間の一部だけで、他はいわば得ることばかりだったのです。できる・できないなんて超えて、どんな状態でも私を受け止めてくれる他者への感謝と慈しみが増す経験は、恥ずかしながら、私にとってはこの闘病が初めてでした。

ヤングも、前掲書の「第七章　金持ちと貧乏人」の中の項で「メリットと金」を書いているとおり、報酬は「お金」に限定しています。しかし、真に、もらいの多寡とできる・できないの関係について考えるならば、もらいはもらいでも、「何をもらう（受け取る）の、か」ということも、問い尽くされる必要があると思うのです。能力というものがあって、高いほど多くをもらえる前提。その上で昨今の風潮で言えば、「みんな能力を高めなよ。お金が足りないなら『無料塾』を開こうか？」[*5]――これも立派な話なのですが、能力が高く、それによってお金を多く所有することがすべてではないのです。つまり、能力主義の牙城を切り崩そうにも、人が人を「選べる」のだという発想や、皆でやっている仕事の「成果」を急に個人単位で「評価」したり、もらい（所有）が多いほうがいいに決まっている前提——でいる限り、見果てぬ夢だと思えてなりません。

三　「能力主義」を社会の選抜・配分原理にすることの何が問題か？——第一章まとめ

個人に「良し悪し」をつけるかの能力というものが備わっているとする大前提と、それを評価・処遇の基軸に据えることを良しとする「能力主義」。これに対する異議を、教育社会学の基本的な流れを押さえつつ、私の見解として述べてまいりました。特に、さまざまな能力に関する「設定」に目をやると、気づいてきます。能力主義が社会に最善のルールである、というのは実に人為的な、不自然なゲームのルールなのだと。そして指摘してきたことを上位概念としてまとめるならば、ここに行き着きます。

――そもそもの問題は、個人が社会に一人きりで真空パックされたかのような「人間観」「仕事の成果観」に端を発するのではないか？

と。私自身の「組織開発」の実践が、まさにこのような無理のある「人間観」「仕事の成果観」を脱したところに立脚する取り組みであるがゆえに、私なりに捉える能力の急所は、ここに行き着くわけです。

人っこひとりを不自然にも「独立独歩すべき、『自立』した個人」と見立て、異常なまでのプレッシャーをかけていく世の中にあって、素朴に問うてみたい。皆で持ちつ持たれつ生きているのに、どうして社会の大事な決めごとに際して、往々にして個人単位で考えさせられてきたのか、と。

私に限らず、皆さん、いろいろな身体を、いろいろな状況下でなんとか動かしながら、今ここに生きています。「不平等の納得」を至上命令にして編み出され、影響力を強めてきた「能力」ですが、いい加減、不自然な設定の数々を見直すべきときが来ていないでしょうか。それは、人が生きるとは？　仕事とは何か？　仕事現場とはどういう空間か？といった根源的な問いかけからスタートできると考えます。知的な分析が必要なのではありません。日頃からもうすでに現場で発揮されている、一人ひとりの知性を持ち寄れば、必ずできます。[*6]叡智を結集すべき点は、こうした前提を見直した先にあるはずです。

ここからは、そのまさに実践について、事例から著してまいります。

第二章　「関係性」の勘所——働くとはどういうことか

一　脱・「能力主義」の現場

「一〇年に一人の逸材」シンさんの困りごと

「僕が入社したときも、久々に骨のある奴《やつ》が入ったな、なんて言ってもらったんですが、次期部長のシンも、そうだなぁ、一〇年に一人の逸材ってとこかな。組織運営に関する相談はテッシー（筆者のこと）にするように言ってあるんで、いろいろ相談に乗ってやってください。よろしく」[*1]

シンさん（仮名、三〇代前半、教育サービス業、営業企画部次期部長）を現部長であるコウタさん（仮名、四〇代前半）から紹介されたときのこと。コウタさんは間もなく新天地へと羽ばたくことになり、次期部長のシンさんに、外部の組織開発者である私のことも引き継いでくださった。着任初っぱなからぶっ飛ばしていたシンさんだが、部長になられて三か月目に、私のもとにご相談の連絡が入った。

「とにかく即戦力を採用して、キャパオーバーで息も絶え絶え働いているメンバーを救わなきゃならないんですが」と状況を語りながらも、こう続ける。

「うちは少数精鋭で、この業界では結構名の知れた存在ですが、転職市場で言えば、決して大手有名企業ではないですよね。したがって、残念ながら『優秀な人』の応募がジャンジャンあるってわけではなくて。でもこのままじゃまずいんですよ。『優秀な人』を即刻採用できる秘策はないですかね？　という相談です」

ため息交じりに語るシンさんは、その後も盛んに、「荒野」「砂漠」「戦士」などという表現を用いながら、自分たちの仕事がいかに高度で苛酷、かつ孤独な仕事で、並大抵の能力ではこなせないか、を話す。状況はひっ迫しているので、早々に新人を採用して育てたいところだが、部長に就任してから三か月で二〇人以上を二次面接までしても、「僕の考えるクライテリア（基準）を超える人が、あ、いや、その基準って結構最低限ですよ。それでも超えられる人がいないんです」と、困っていそうでいて、どこか自信あり気な表情を浮かべる。

ことばを選ぼうと、「そうですかぁ」と相槌を打って時間を稼ぎ、丹田に力を入れ直してから尋ねた。

テシ（勅使川原） あの、シンさんのおっしゃる「優秀」とは何か、もっと噛み砕いてみたく思っています。シンさんと同じような人しか「優秀」じゃないってわけじゃ、まさかないですもんね？

シン そんなことないですよ。でもやっぱり、誰でもいいってわけにはいかないんでね。一流の顧客には一流のコンサルタントがつかなきゃ話にならないので。自慢でも何でもなくて、売り上げを見てのとおり、この会社で事実上、顧客の信頼を最も勝ち得ているのは僕なんですよね。その僕が、即戦力を選ぶ目がそんなに曇ってるとは思えない、というのはあります。はい。

こういうときは、思いのたけを存分に語ってもらうに限る。また質問を繰り出す。

「優秀」な人を尋ねて三千里

テシ　これだけ実績もある僕の目に狂いはない、と?

シン　いや、まぁそうですね。この仕事の難しさをよく分かった上で、結果を残せている自分に見えている景色ってありますからね。

誇らし気な表情だ。しかしそろそろちょっと、小石を投げ込んでみようと思う。

テシ　なるほど。この話に一つの「答え」というのはないのですが、お話を伺っていると、気になることはあります。

シン　何でしょう。

テシ　喫緊の人材難を乗り切るための方策を考え、実行されているはずのシンさんですが、恐らく、あと何百人面接しても、お眼鏡にかなう人物はそうそう現れないでしょう。よって人手不足の状態はまだまだ続いてしまいそうだな、っていう……。

シン　いやいや、それは困ります。だから相談してるんですが。

テシ　困りますよね。ただでさえ管理職にして実務もこなすプレイングマネジャーで自分の顧客案件もお忙しいシンさんが、「優秀」な人材探しに時間を侵食され、人手が足りず現メンバーに重く負担がのしかかる今、一刻も早く人員増強したいところ。が、できていない。ただそれは、転職市場を彷徨《さまよ》う求職者が、シンさんのお眼鏡にかなうほど「優秀」でないことが問題なのでしょうか。

シン　ん？　求職者の問題ではないと？　こちら側の問題？　探し方が悪いとかですか？

テシ　探し方、まぁそうとも言えますが、そろそろ「求める人材」として描いているもの自体を見直すべきときではないですか？　っていうお話を今日はしていこうかと。シンさんが「優秀」なのは百も承知しております。ですが、シンさんのような人だけが「優秀」と呼ばれ、必要とされるのは違うと思うんです。

シン　なるほど。妥協しろ、そういう話ですね？

テシ　いや、違います。

シン　違いましたかね。

テシ　妥協って言うと、求める人材にあたかも序列がついていて、「ダウングレード」を図るかのようですが、そうじゃない。人材は縦に並べて優劣がついた存在ではありません。水平方向にバリエーションとして広がって存在しています。ですから、画一的な成功パターンのみを良しとする視野狭窄《きょうさく》から抜け出せば、思わぬ「ユニークな仕事ぶり」に出会うことができます。

シン　例えば何でしょう？　さっぱり分からないんですけど。

テシ　これを見ながらお話ししましょうか。貴社既存の人材と、応募して来られた方とがとりがちな行動パターンで組織をマッピングした図がこちらです。このとおり、シンさんは独創的な……。（つづく）

二　能力論を解きほぐす

何を「問題」として語るのか？

解説します。お伝えのとおり、私は教育社会学という、学校をはじめとする社会システムをあえて疑ってみる学問を学んできました。そのせいか、基本的に人々が「問題なんです！」と言うことが本当に問題なのか、常に疑っています。「問題」は往々にして、「設定」されるものだと経験的・学問的に知っているためであって、ただ性根が曲がっているわけではないと思っていますが、どうでしょう。

ですので、私の場合、ご相談をいただく際には、「これこれが問題なんです」との訴えそのものに聞き入るというより、何を問題だと当人が「語っている」のか？　に神経を集中させます。

「猫の手も借りたいとはいえ、あいつは『変わってて』使いにくいんだよなぁ」

「あいつ個人は抜群に『優秀』なんですがねぇ、いかんせん○○本部長とは水と油で、部内の雰囲気を悪くしてるんです」

「『いい人』ほど辞めちゃうんですよねぇ。ややこしい奴らが集まって、ひーこら言いながらやってますよ」

個人の能力の問題に矮小化《わいしょうか》していないか

これらの嘆きに対して、「結局部長のリーダーシップの問題が〜」「評価制度をてこ入れしないと〜」「採用精度の問題ですよ、求人掲載プランをアップグレードしたほうが〜」などと言っている場合ではないということです。真にどうにかして力になりたい・現状を変えたいのであれば、愛と少しばかりの勇気を持って、次のようなことを卒直に問うべきではないでしょうか。

○「よい個人」（能力の高い個人）が「よい組織」（「成果」を上げられる組織）をつくっているのか？　逆もまた然りで、「成果」がいまいちな組織は、特定の悪い個人（能力の低い個人）が悪さでもしているのか？　一人ひとりがもっと「優秀」で「稼げる」存在ならば、組織は安泰なのか？　ちなみにその「優秀」とは、額《ひたい》に「優秀」とでも書いてあるのか？

○この世に「望ましい性格や能力」と「望ましくない性格や能力」があるのか？　組織で問題を起こすのは、前者を持っていない人なのか？

○言い換えると、自分がまともに仕事ができているのは、自分の能力が高くて、「優秀」だからなのか？　あなたを「良し」としてくれている周りのメンバーに恵まれていたり、景気や市場環境がたまたまよいことも多分に影響しているのでは？　……など。

そしてさらに、次のことまで問い尽くす。これが、解くべき問題の「設定」を紐解《ひもと》く、大事な一歩と考えます。

○本当は、組織として策を講じるべきところを、個人の能力の問題に矮小化しているのではないか？　個人の能力の問題にしたほうが都合のいい誰か、つまり特定の人の利害と結びついたまま、問題が「設定」されていないか？　分かりやすさが実際の有用性より優先されるなど、問題解決用に問題視されていないか？

考えはじめると、結構頭が痛いですが。

どっちが「クセツヨ」？

先の「変わってる奴」と称される個人の話をします。その人のせいで組織がうまくいかない、という不満が噴出しているわけですが、着眼すべき点は、個人をそんなふうに決めつける組織の側にもあるのではないでしょうか。個人と組織との相性の話なのに、一個人を「変わってる」と評するその組織だって、「クセツヨ」なのではないか？　と問うて然るべきと考えるのです。「使いやすい」「部内の雰囲気」「いい人」「ややこしい奴ら」……など、すべてそうです。誰から見た、何の話なのでしょう。職場においてこれらの「評価」を下す組織の構造を、対話や観察の時間をいただき、つぶさに調べていきます。ある組織の現状のダイナミクス（力学）を明示した上で、これから組織が達成したい・すべきことに合わせて、変えるべき点はどこか？　改革するためには現状の組織力学のうちどの点をいじるとよさそうか？　を示し、ディスカッションを深めていくわけです。

話者が解釈や意図を持って使っている表現を、問いを通じて手繰り寄せ、話者が見ている世界観を理解した上で、解釈の溝を埋めていく……この営みですが、遠慮会釈なく切り込んでいくわけですから、まず間違いなく、ザラザラとした、居心地の悪い時間になることは、あらかじめお伝えしておきます。あまつさえ、あまりに無邪気に迫るので、「忖度《そんたく》ってことばを君は知らないのか？　無礼だ！　わきまえよ！」などと叱《しか》られるかもしれません。不都合な事柄を問い質すときこそ敬意が必要なので、尋ね方は注意するに越したことはありませんが、個人攻撃ではまったくもってないこと、また、「素朴な疑問を口にすることが、組織に蔓延る慣習・所作の問い直しにつながり、ひいてはあなた自身ももっとのびのびと働くことにつながる」ことを強調・説明する必要はあります。普段からこんなことを言い慣れている人は珍しいでしょうから、口が言うことに慣れるまでお風呂で訓練することを、問いかける側の方にはお勧めします（これ、真面目な話です）。

琴線に触れるということ

ちょっと余談ですが、「怒っている人」に着目して組織を観察することは、組織を立体的に捉える方法の一つとしてお勧めです。精神科医の水島広子先生語録の一つに「怒っている人は困っている人」[*2]というものがあるのですが、これは本当に真理だなぁと、組織に分け入るたび、自分自身の身の周りで起きることを俯瞰《ふかん》するたびに思います。今回の話で言えば、組織の非公式のルールについて、部外者から疑問を呈されるのですから、相手にとっては不快、不安な場合が多々ある。ただ、怒りは最初に感じる一次感情に次ぐ二次感情ですから、一次感情としては、まずは「戸惑い」なわけですね。目に見えるのは「抗議」や「反抗」という形かもしれませんが、必ずその前に、その人は何らかの事情で戸惑ってしまったのだということを理解したいところです。「反抗的な奴め」と個人を戒めにかかる前に、この人の熱量を怒りのほうへ向かわせてしまった組織の地雷は一体どこにあるのか？　という視点で冷静に情報収集を続けたいものです。

ちなみにこの営みは、スムーズでタイパよく事が進むことを好む人にとっては特に、忌避される状況なはずです。しかしそこを避けると、問題の表層をなぞり、個人の能力の問題として誰かを悪者にするような、小賢《こざか》しい手立てに終始するのがオチだと、経験上思うので、慎重かつ果敢にいきたいところです。

誰も問題提起しないからこの現状があり、声なき声が埋もれているのなら、やれる状態にある人がやろうではないですか。さも当たり前のように大人がしたり顔で語るが、実はうやむやにされていそうな点について、自分が小学生になった気分で、「あのちょっと、スッと頭に入ってこなかったんですが」「今お話を伺っていて、一般的な○○のことばの意味とは違う感じがしたので、少し深掘りしたいのですが……」などと前置きしながら。

また同時に、個々人の「解釈の傾向」と照らし合わせながら、職場を何度も見回り、実際の仕事の回し方を捉え、言語化します。そうしていると十中八九、当初「問題」とされたものが本質的には「問題」ではなさそうだぞ、と気づくのです。

人と機能の組み合わせ

さて、初作に記し、特に熱く共感いただいたのが、「けしからん遅刻魔」の警備員さんの話でした。あれも、「遅刻を繰り返すほど舐《な》めた新人」にどう対処すべきか？という一方向的な相談内容からスタートしました。しかし蓋を開けてみれば、チームメンバー内のいわば「解釈の傾向（癖）」が違うことで、若手かつ少数派であったその新入社員が疑心暗鬼になった結果、眠れなくなり、「遅刻魔」というレッテルが貼られていました。簡単に言うと、新人が「舐めている」から起きたのではなく、組織内の人と人の組み合わせの問題だったのです。つまり、「最近の新人はメンタルが弱くてしょうがないなぁ」なんてのは、くその役にも立たない嘆きなわけです。……口が汚いですね、「個人の問題にするのは簡単ですがそれでいいんですか？」と言い換えておきます。

いずれにせよ、万物は流転する中で、職場でいきいきといられるならば、それは誠に幸運なこと。無味乾燥に聞こえるかもしれませんが、それ以上でも以下でもありません。なぜなら、私たちのパフォーマンスを左右しているのは自分の能力だけによらないからです。言動の「癖」や「傾向」は個人個人で違いがあります。その「持ち味」同士が周りの人の味わいや、要求されている仕事内容とうまく嚙み合ったときが「活躍」であり、「優秀」と称される状態なのではないでしょうか。周囲の人たちの状況や、タイミングなど、偶然性が多分に影響しているのです。

ゆえに、さも固定的で、実態を証明しているかのような面を下げた「能力」で人を語ることは、かくも不十分なわけです。良し悪しや序列つきの能力ではなく、個人が持つ「癖」や「考え方の傾向」をある程度把握して、それに合わせて周りの人との組み合わせ方や、仕事の内容、与え方、進め方を調整する。それこそが「問題」、それも個人の能力の「問題」山積の——「うちは『優秀』な奴がいない」「うちなんて『いい人』を採用できるような優良企業じゃないですから」といった語りが蔓延した——組織が、袋小路から抜け出すための手立てなわけです。

ちなみに、この個に良し悪しをつけるのではなく、すべては組み合わせの妙であることは、当然のことながら筆者が人類初の提唱者ではありません。一七世紀のオランダに生きた哲学者スピノザは『エチカ』で、善悪というのはあくまで「組み合わせ」の話だと述べています。

善および悪に関して言えば、それらもまた、事物がそれ自体で見られる限り、事物における何の積極的なものも表示せず、思惟の様態、すなわち我々が事物を相互に比較することによって形成する概念、にほかならない。なぜなら、同一事物が同時に善および悪ならびに善悪いずれにも属さない中間物でもありうるからである。例えば、音楽は憂鬱《ゆううつ》の人には善く、悲傷の人には悪しく、聾者には善くも悪しくもない。

(『エチカ (下)』岩波文庫、一一頁)

組み合わせの良し悪しこそあれど、個に良し悪しはないのです。

目指すは「走る車」

さて、「よい組織」は「よい個人」がつくるのではないのならば、どうしたらよいのでしょうか。そのヒントは、初作でも述べた「走る車」の考え方にあります。「個人」の良し悪し・能力の高低に拘泥せず、チームとして互いが発揮しやすい「機能」を持ち寄ることで、車で言えば、総じて安全に走行することこそが、組織の「達成」「成果」だよね、とする考え方です。「あの『エンジン』ってすごいよねぇ! やっぱりあのくらいの『エンジン』でなきゃダメだよね！」じゃなくて、今、すでに「エンジン」があるのなら、そこを補うべき点は何か？　それを周囲が認識した上で、周りの「機能」でカバーし合って、全体としてうまくことを運ばせる方法を検討・調整し続けるという話なのです。

イメージがしやすいと思いますので、シンさんの事例に戻って実践の様子を見てみましょう。先ほどの会話の続きです。

＊

シン　何ですか、この図は？
テシ　個人に良し悪しはありませんが、持ち味とも言うべき、発揮しやすい「機能」の違いはありますよね。個人の「癖」とか、「傾向」と言ってもいいでしょう。その「機能」ごとに、既存メンバーと、ここ一か月の応募者のうち二次面接までいきましたが不合格となった方々をプロットした図です。シンさんはご自分と似た方を「優

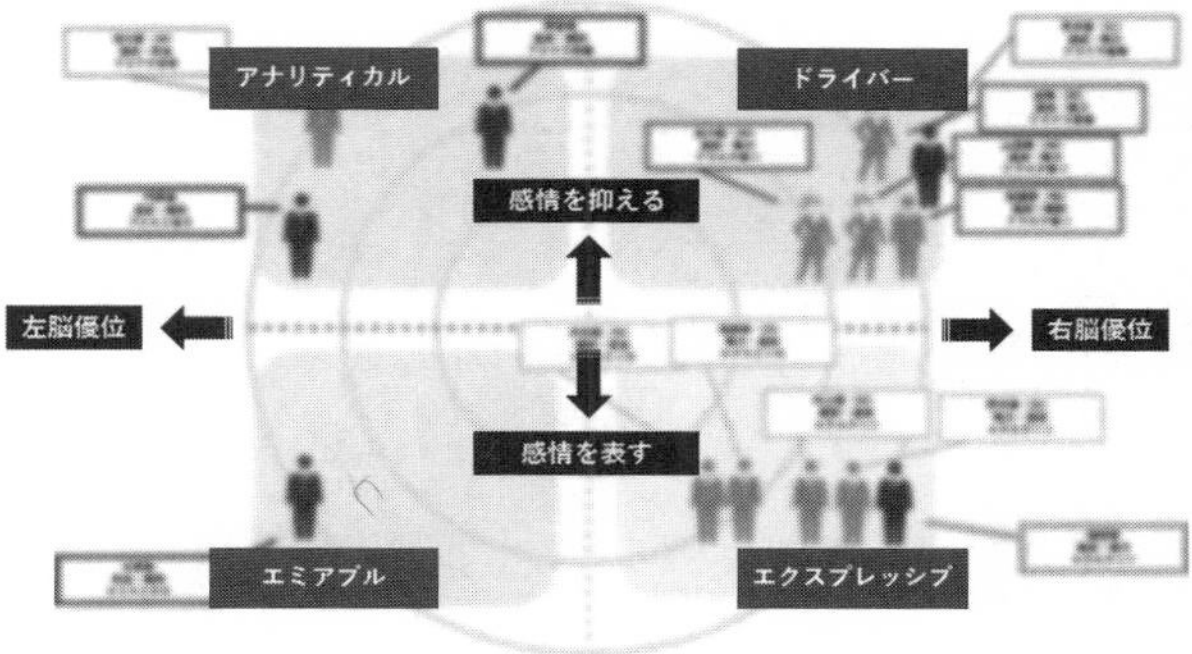

筆者が実際の組織開発事例で作成・使用した図を加工したもの。

秀」で「活躍」する可能性が高いとおっしゃっているようにお見受けしますが、どうでしょうかね。

シン　あぁ、思い出しました。オンラインで受けた特性検査みたいなやつの結果を使って、ってことですね。ふむ。この図でいうと、僕は右下の象限（グループ）ですね。右半分にいる、濃い色の人型でプロットされた既存メンバーは、うんうん分かるなぁ。尖《とが》ってますよね。僕と前任のコウタさんと。「優秀」な人はここか、って感じですかね。

テシ　さぁどうでしょう。続いて、既存メンバーより薄い色でプロットしてある、不合格となった方々にも注目していきましょうか。

シン　うーんこれ……合ってますか？　思ったのとだいぶ違うんですけど。

テシ　ですよね。象限ごとに「優秀」だ、能力がいまいちだなんておっしゃっていましたが、それ自体果たして、どの程度事実なのか考えたくて。落とした方々がほとんど右半分の象限に集まっていますよね？　まさしく「優秀」なはずのシンさんと前任部長のコウタさんと同じ象限からこんなに。

シン　そう、それ気になるんですよ。何でだろう。

テシ　こう考えてみてはどうでしょうか？　「優秀」に見える、というのはあくまで自分の眼鏡を通した解釈に過ぎないと。例えば、先からおっしゃっているような求める人材像で言えば、タフではっきりした意思表示ができて……というのは、まさに大量に不合格を出したこの右半分の象限の人たちが発揮しやすい「機能」です。が、しかし、です。

シン　……落としてる。つまり、「優秀」だと僕は思わなかった、と。おかしいなぁ。

テシ　シンさんに限った話ではないので、ご安心を。私は経験上、こう見ています。シンさんの自信が、直感的に、自分と競合しそうな人を避けてしまっていた、と。

シン　いやいやそんな、やめてくださいよ。めっちゃ小者じゃないですか。

テシ　いえいえ、あるあるです。「優秀」や能力の高低は、はっきりした指標のようで、非常に相対的、文脈依存的。いざ選ぶ段階になると、自分にとって「都合がいいか」を無意識的に見てしまうことは、人の性です。その傾向について自己認知しておく必要はあるよね、という話です。

シン　（しゅん）

テシ　露骨に落ち込んで、めちゃくちゃ面白くて、魅力的なリーダーですね。

シン　そうですか？（ニコニコ）

テシ　さてさて、左半分の象限について、言及がなかったので、こちらも見てまいりましょう。ここを先ほどシンさんは「優秀」な人は右半分に集まっている、とおっしゃいましたが、左半分の方々の発揮しやすい「機能」は……？

シン　コツコツとオペレーションはこなす、っていう感じかな。決まったことはやる。決まっていないことをゴリゴリ決めたり、前例踏襲ではなく革新するようなことはまず苦手かな。

テシ　ですよね。アクセルとブレーキで言ったら、ブレーキの人たちと言ってもいいかもしれません。シンさんやコウタさんとは逆です。でも、車で考えてください。安全に走行する車は、アクセルが「優秀」でさえあればいいんでしょうか？　ひっ迫した組織の状態において、歯の浮くような「優秀」という表現で、ご自分と似たようなアクセルの人材だけを探そうとしていて、本当によいのでしょうか。一次面接までの段階では、出現率的に考えても、この左半分の慎重さのあるタイプの方々の応募も多数あったはずです。

シン　うーむ。

テシ　ブレーキがあるから、もとい、粛々とオペレーションをこなしてくれる人がいるから、シンさんのようなアクセルが輝けたのではないでしょうか。シンさんは営業突破力がピカイチですから、クロージングして（契約を成立させて）、確かに驚くほど大型案件をヒョイとまとめてきます。でも、とったあとは我関せずなところも……ないですか？

シン　……。嫌な時間になってきたぞ。

テシ　私も同類項です。プロットしたら、コウタさんとシンさんを足して二で割ったような立ち位置ですから、圧倒的にアクセル派。でも、慎重さに欠けて運用段階で足をすくわれたりってことは多々あります……。

シン　確かに。この人ポンコツだなぁって思ったことが何度かあります。

テシ　……で、です。私が言いたいのは、「優秀」じゃない、とか能力低いとかっていう話ではなくて、それも持ち味、発揮しやすい「機能」の違いだってことなんです。

シン　良し悪しじゃなくて、「機能」に違いがあるなら、それを組み合わせて事を成せばいいじゃないか、ってことになるわけですね。

テシ　さすがシンさん。なので、ここの、ブレーキ寄りの人材を、「採用しない」という排除はナンセンスと言わざるを得ない。ブレーキ以外でも、車でいえば、ハンドルではなくても立派なボディやタイヤだったりする。なきゃ走れませんよね？　大事なのはそこに良し悪しをつけず、ぜひ素の自分を活かして注力してほしい領域と、今後開発していきたい領域とを明確にし、採用面接中から育成プランを伝えた上で、「選ぶ」というより、「話し合う」のです。

シン　なるほど（めんどくさっ）。

テシ　何か？

シン　聴こえました？

テシ　この面倒を惜しむと、面接蟻《あり》地獄が続きますが、いいんですね？

シン　ですよねぇ。

＊

今集まってくれているメンバーの持ち味を最大限活かし、「走る車」として、組織が目標達成のために必要なさまざまな機能を、網の目のようにこしらえる営み。多様なメンバーの多様な立ち居振る舞い、哲学、生き様……その異なる一つひとつに対して、同一のものさしを当てて、値踏みするようなことではありません。複雑化した社会にこそ、どの人の持つどの「機能」も必要とされています。

しかし、だからと言って多様な「機能」を一人の個人の能力に求めるのは、安直すぎるってなものです。神かよ、ってくらい万能な誰か一人が広大な守備範囲を持ちつつ攻め続けるなんて、ナイーブすぎる妄想だと、長年現場を見てきて思います。自分を自分として生きる人それぞれを「いいね」と組織が受け入れ、組み合わせの妙によってどうにかこうにか「活躍」してもらう——これが組織論的脱・「能力主義」の土台です。

「そんなの理想論ですよ」とおっしゃる方にもたまに出くわします。ですがすみません、どっちが「青い鳥」やねん（急に関西弁で突っ込んでしまう関東人ですみません）と言いたくなります。本章冒頭のシンさんのように、万能の神を探しているとあっという間に日が暮れます。採用論や人材開発論が選抜や見極めネタで盛り上がる前に、そもそもこの仕事の何を我々は「成果」と呼んでいるんだろう？　などという話こそ、地味ですが、侃々諤々《かんかんがくがく》議論されてほしいと思う次第です。

「優秀」という名の小舟

もう一つダメ押しで、「走る車」として考える重要性を、デンマーク発祥のレゴ（ＬＥＧＯ）社のブロックを例にお話ししてみましょうか。講演などでよくお伝えしていて、共感いただくことの多い話です。
ご存じのとおり、レゴブロックは色も形も大きさも異なる多様なパーツから成り、それらをうまく組み合わせることで、個々のブロックの小ささからは想像だにしない、息をのむほど繊細だったり、壮大だったり、変幻自在のオブジェクトが創作されます。上に掲げた巨大海賊船など、実に圧巻です。[*3]
ここで思考実験してみたいのは、「優秀」とはレゴブロックで言うならばどういう状態なのかということです。一つのブロックでは、存在価値が見えにくいほどちっぽけで、組み合わせてこそ成立するのがレゴブロックです。翻って人間界を考えると、こんなことになっているような気がするのは私だけでしょうか。この小さなブロック一つひとつに対してまでも、「かっこいい『優秀な』船になれ！」と要求している――組み合わせれば、皆で見たことのない壮大な景色を見ることができるかもしれ

レゴ社ホームページの商品から。

ないのに。「優秀」という能力主義的な号令のもとでつくっているのは、結局、見慣れた船の小型版なのではないでしょうか。

「走る車」の話のとおり、多様な色・形・大きさのブロックそれぞれが、他のブロックとつながって役目を果たします。個々のブロックに対して、「新しい時代はこの色が『優秀』」などと、「よい色」「よい形」「よい大きさ」を一元的に規定し、画一的な「よい船」(という名の小舟なのですが)像を煽ることは、非常にもったいないことです。

さて、シンさんのお話にもう一度戻りましょう。さすがシンさんです。次からの面接で何をどうすべきか。その個人が「優秀」かどうかという、幻の概念を相手にして雲を摑《つか》むような話ではなく、既存メンバーとのシナジー(相乗効果)で互いの「持ち味」をいかに活かせそうか? ないしはどの「傾向」が、やってほしい職務に対して足かせになってしまいそうか? 足かせとなる点は現実的に組織内で対応可能なものかどうか? ……などこれらの点について仮説をもって候補者と対話し、検証すればいいのだと気づいたのです。それから三名の候補者の面接を経て、持ち味を活かし合えそうなメンバーに恵まれました。

めでたしめでたし……とここで言うのは早いですね。ここまでは組織開発の入り口の話。新入社員が加わることで、どう「持ち味」の活かし合いが行われ、組織内のシナプスがバチバチとつながっていくのか。そこが本丸です。すぐにうまくいかなくても、「優秀」かどうかではなく、互いがパチッとハマるポイントを探りながら、ジリジリと業務やＯＪＴ（実地研修）の組み合わせ、指示の出し方、フィードバックの仕方……などを調整していく。まことに終わりなき旅であります。

今回ＯＪＴ担当になってもらったのは、シンさんの部下の（とはいえ、年齢は一五歳ほど上で、業界経験も長い）タツヤさん（仮名）でした。シンさんとタツヤさんと私で、採用することになったアキコさん（仮名、三〇代後半）の特性と、シンさん・タツヤさんの解釈の癖や言動のパターンをテーブルに文字通り並べながら、数時間みっちりと綿密に打ち合わせます。解釈の癖の行き違いによって採用した側が抱きがちなアキコさんへの「評価」や、アキコさんの自走を助けるであろう指示の出し方、声かけのタイミングとことば選びまで、本当にみっちり。実際にやってみてからも、「ほんとにこんな反応を示されました！」とか、「気にしないようにと思っても、アキコさんのこういう点が気になってしまいます」

などとパラパラとご連絡をいただいては、お返事しつつ。

さて、ここまでの変遷について今度は、シンさんではなく、そのタツヤさんにも1 on 1のお時間をいただき、伺ってみましょう。なかなかに示唆に富むので、ぜひ心の内を覗いていただければと思います。

特技の持ち寄りは、複数の評価軸あってこそ

タツヤ　アキコさんの受け入れは、スムーズですね。人を決めつけるっていうのではなく、ある程度起きそうな事態を想定しておいたのが、よかったですよね。お互い持っていきたい方向へ、自分の出方を変えようって思えます。これまでぶっちゃけ、新人について「使えねぇなぁ」と思いながらOJTしたこと、何度もあるんです。「何でそうするかな!?」とキレちゃったり。今回は、それがない。僕自身もいい人間でいられる気がして、いい感じです。

あと、何が変わったって、シンさんが変わりましたよ。僕も仕事しやすくなったと

いうか、僕なりのやり方を尊重？　っていうのか何ていうか、見守ってくれるようになりました。それまではほら、シンさんと僕ってタイプが違うじゃないですか？　僕は石橋を叩いて叩いて（割ってるかもしれないけど）なんですが、シンさんはエイヤ！の人。以前テッシーさんに見せてもらった図で言えば、シンさんが右半分の象限の人。僕は左側の代表格。右側の猪突猛進タイプは、営業成績にもつながることは重々承知です。ですが、それだけを正しいものとして、「何でそうしないんですか？」と真顔で言われても……って感じでした。新しく入ったアキコさんはシンさんと通ずるところがあるようで食らいついていますよ、今のところ。確実に新しい風です。

でもね、シンさんがあれだけ新人の採用に躍起になっていたのは、僕がうまく機能していないからってのも大きな理由の一つだったと分かってます。でもそれがあるときから、シンさんが「タツヤさんはこの組織の守護神ですよね！　攻めより守りをしっかりお願いします。数字の部分は僕がとってくることもできなくはないですから。ただ運用の慎重さはタツヤさんの真骨頂。もし、案件がヤバそうな兆候が見られたら、勘のみでもいいので、アラートを出してください。そしたら僕、入っていけるので」

なんて言うようになって。

助けを求めたら、自分の評価が下がると思うと、今までそう簡単にヘルプサインを出せないでいました。でも、改めてこう言ってもらってよかった。営業案件の、成約後の運用は、事業の要です。言葉巧みに契約を取るはいいけど、運用がぐだぐだでは、当たり前ですけどリピートはありませんよね。僕は目立たなくても、しっかり安定的な教育サービスの提供を行ってきた自負はあります。そこを見てくれてたんだ、って分かって、嬉《うれ》しいです。評価の軸が増えた、って感じかもしれないですね。数字をあげることだけしか見てないのかな、と疑心暗鬼な時期もありましたが、安定運用の功績も認めてもらえた。認めてもらえたら、安心して、以前よりは攻めにも転じることができています。かっこ悪いようですけど、やっぱり認めてもらえないことには、自分がどう振る舞うべきか、そりゃあ迷いが生じますよ。きっと誰でも。

ちなみに、その期待の新人アキコさんともお話を、と思いましたが、「今はひたすらキャッチアップの時期。三か月後にお話しさせてほしいです」とご本人から連絡が。いい感じです。能力論同様に、オンボーディング論（新卒か中途採用かを問わず、新入社員の早期立ち上がりを目指して、会社側が入社後特に手厚くサポートする施策のこと）も画一的な方法論が流布されがちですが、結局、人によります。確かに彼女のように、一旦とにかく自分が思うようにやってみないことには気がすまない様子ならば、それも受け止める。「そうしましょう！　三か月後でなくても、いつでも。少し立ち止まりたいときに呼んでください」と私もお返事したのでした。何でもかんでも寄り添えばいいってもんではありませんので、相手が必要とするタイミングに合わせる、というのもある意味で寄り添いと言えます。

三　他者と働くとは——エッセンシャルな視座

さてさて、ここまで「関係性」の勘所、と題して本章を進めてまいりました。この事例から徐々に「働くということ」のエッセンスを抽出していきましょう。エッセンスがよく分かる場面がここからさらに出てきますので、もうちょっとやりとりをご覧ください。

＊

後日。オフィス内での定例ミーティングの部屋を飛び出し、シンさんと私はオフィス近くのカフェへ。オフィスだとどうしてもテーブルを挟んで対面するのだが、このカフェでは隣り合って窓の外を見る席しか空いていない模様。この場の新鮮さを楽しむことに決めて、すぐ隣のシンさんのお話に耳を傾ける。

テシ　今日は冷えますねぇ。

シン　窓が大きいから、室内でも冷気が来ますよね。僕、ひざかけ取ってきますよ。

シンさんは気遣いの人。ザ・営業とも言える。それに助けられる人もたくさんいるだろう。他方で、本人が気の回るタイプなので、慎重というか、周りを見てパッと行動するのではないタイプの人のことは、「どんくさいなぁ」と思いがちなのだろうなぁとも思いつつ、ひざかけを持ってきていただいたお礼を言って、冷気を遮断したのち、続ける。

テシ　さてさて今回の採用ですが、当初おっしゃっていたように「妥協」でしたか？

シン　妥協だなんて、失礼ですよ。誰かを能力の名のもとに「選別」「選抜」してやろう、という考えが、そもそもよろしくないですよねぇ。

テシ　おぉ。早速自分のものにしてるとは、失礼しました。

シン　あの最初のテッシーさんとの面談って、強烈でした。採用できなくて困ってると話しているのに、「この先もあなたは採用できないでしょう」みたいなこと言われて、何だこいつ……って思いましたからね。

テシ　すいません、愛ですよ愛。人のためにひざかけをすぐに持ってくるのも愛。視点を変えてみたほうがいいのでは？　と進言するのも愛です。というのはさておき、実際、恩着せがましいようですが、当時の見方のままで新メンバーを採用できていた気がしますかね？

シン　実際には起きなかった未来の話はできないけども、確かに、仕事をするとは？みたいなところの見方そのものが変わったのはありそうですよね。

テシ　ほう。もう少し聞かせてください。

シン　前にお話ししたかもしれないですけど、僕の苗字《みようじ》と「常務執行役員」ということばで検索すれば、誰もが知る大企業の名前とうちの親父《おやじ》のフルネームが出てくるんです。育児に参加するような親父ではなかったけど、少しでもヘマすると「そんなんじゃ食っていけないぞ」「それは負け犬のすることだ」とか、幼い頃から言われて。

勉強ができるのは当たり前、精神も鍛練しろ、と言われて武術もやって、野球部入って。部活でも、人に迷惑をかけないように刃を研ぐんだ、と言われてきました。当時の話ですけど、野球の試合でエラーしようもんなら、迷惑・恥だと言われ、皆の前で罵倒されることだってあって。そんな環境にいたら、「強くあらねば生きていけない」と、そう信じますよね、普通。それに耐え、乗り越えてこそ「大人」「自立」だって。違いますか？

テシ　初めて聞きました。うんうん。ちょっと、すいません、目から汗が。

シン　テッシーの目にも涙ときましたか。

まるで鬼のような言われようでしたが、とかく印象的な語りでした。「強い個人」が「よい社会」をつくるという発想は、シンさんやそのご家族に限らず実に根深く社会に浸透しています。ただ、私は、この語りを受けて改めて、シンさんの足跡のかけがえのなさにじぃんとしていました。するとすかさずその様子を察知したのか、シンさんはこう切り出してきたのでした。

「生産性」を論じる前に、吐き出してなんぼ

シン　弱音を吐いてすいません。こんな不毛な時間にしたらいけないですよね、生産性、生産性！　ダサい奴になるな、なんてメンバーにはよく言うのに、僕が今一番ダサいですよね。

テシ　いやいや、今話さなかったら、自分を否定され、ボロボロになることから自分で身を守らねばならなかったリトル・シンさんは、どうなっちゃうんでしょう。浮かばれないじゃないですか？

シン　そんなの、なかったことにしますよ。今までもほんとはそうしてきましたから。

今はたまたま魔が差して話してしまっただけです。ハハハ。

テシ　いや、おことばですが、「なかったこと」になってましたかね?　「強くあらねば生きていけない」という命題がそのまま、部長になってからも採用指針になっていませんでしたか?　それによってご自身も、メンバーも苦しんでいなかったですか?

シン　まぁ、はい。でも僕らって生み出し続けなきゃいけないでしょう。弱音吐いて、お金になるならいいんですけどね。

テシ　「弱音」は、何かを生む材料や燃料にはならないですか?

シン　なるわけないでしょう。我々の頭脳とか専門性を活かして、いいサービスを開発していかないとですね。親父との確執なんて、いいサービス開発には不要、いや、雑音かな。とにかく、妙な話をしてしまいました。

良し悪しはない

少し解説させてください。この類の発言は、組織開発のクライマックス、もしくはそこを過ぎてから頻出するエピソードです。「強い個人」が「よい社会」をつくる、と同様に、「弱音」からは何も生まれないといった話が、口をついて出てきたわけですが、ここからどう学びを抽出しましょうか。私は、採用問題が解決し、製品やサービス開発の話になった途端、シレッと能力主義的、つまり、「一元的な正しさ」の妄想にとらわれた姿が顔を出したと考えます。

良し悪しや優劣をつけず、人と人の持ち味を組み合わせ……というのはやろうと思えば案外誰でもやってみることはできます。しかし思考のトランスフォーメーションが難しいのは、やはり、「一元的な正しさ」に引っ張られ、自身の思考の柔軟性を奪われる点にあります。繰り返し述べているとおり、明確に「○○力」と呼ばれる能力主義だけが生きづらさを与えているのではありません。問題の根源は、「一元的な正しさ」に社会が支配されていることです。多様なはずの人間にとって、「正義」の名で選択肢を狭めることが息苦しいのです。

さぁ、もうひと踏ん張り。さらに何度かのやりとりを経て、勘のいいシンさんはまたもすぐに内省されたようです。続けます。

シン　あぁ能力主義の残骸が……。そうか、良し悪しを決めつけている時点で、見落としているものがあるって話でしたよね。ふぅ、まだまだです。こりゃ大変だ。

テシ　大変？　どう大変そうに思いました？

シン　え？　まだまだ学ぶことがいっぱいだなぁと思って。まだまだ足りないなぁって。

まだまだ……は「謙虚」でも何でもない

これまた実に肝要なポイントなので、解説を挟みます。脱・「能力主義」的な組織開発をマスターしたかに思えたシンさんですが、思わぬ瞬間に、能力主義的と言いますか、良し悪しを一元的な基準で判断してしまう癖が飛び出したことは先に述べたとおりです。さて、そのことについて今度はご本人が、「まだまだ足りない」と振り返っている点に注目しましょう。「まだまだ」と「謙虚」であることの何が問題なの？　と思った方もいらっしゃるかもしれません。口うるさいようで申し訳ないのですが、私からすると、「欠乏」を自己にも他者にも突きつけることの不寛容さ、能力主義的な香りが非常に気になります。

思い出していただきたいのですが、シンさんが新たな挑戦をされるまでの間、私は何か世界的な権威ある組織論の知見を「与えた」のでしょうか。シンさんたちに対して「知らないのねぇ」「まだまだよねぇ」と、欠乏していたものを足したのでしょうか。答えは、いいえ、です。大して知識を与えてくれない人、教えてくれない人だなぁとすらシンさんは苛立《いらだ》ちながら思ったかもしれません。

問題はインプットよりアウトプットが少ないこと

ただ、それは理由があってのこと。チームに足りないものがあるとしたら、それはインプットではありません。どんな著名な学者であっても、名経営者と呼ばれる人物であっても、シンさんのいるこの組織で今のメンバーと一緒に汗水たらして遮二無二踏ん張ってきたわけではないのです。今ここにいて、なんとか仕事を回しているのは、やっぱりシンさんなり、現場の方々なのです。いろいろと問題はあるでしょうが、なんとかやってきてるんですから、すごいんです。

私は組織開発のお手伝いをするたびに口酸っぱく申し上げます。迷いながらだろうと「やってきている」ことが立派ですよね、拍手を送りたいですよね、「いつもありがとう」から伝えないとですよね、と。間違っても、「あれが足りない」「まだまだ」だなんて、たとえ自分に対してでも言わないでほしいのです。「謙虚」とはそういうものではありません。自分の未熟さを知った上で、凸凹した者同士が互いに、「それなりにいい味出してるよな！」とハイタッチするような姿が、自己の能力なんかを過信しない「謙虚」さなのだと私は考えます。

したがって、シンさんにも「何かを『知ってる』『分かってる』ことより、『やってる』ことの価値に、マネジャー自身が一番に気づいてください。メンバーの仕事の仕方をよく見てください。ChatGPTは物知りかもしれませんが、行動はできませんよ。『する』の価値を見誤らないでほしいんです」なんてことをお伝えしました。

繰り返しますが、現場が手を止めずにやってくれているおかげで、なんとか仕事は回っています。その事実を差し置いて、よい組織にしましょうなんて言って、最新のリーダーシップ論やら、権威ある選抜理論が生み出した、マネジメント能力検定なんかを忙しい現場にさせるのは……違うんじゃないでしょうか。それは社会学でいう「他者の合理性」を蔑《ないがし》ろにした状態に他なりません。他者理解というといささか使い古された響きがあるかもしれませんが、M・ウェーバーの「行為の理解」なくして、他者とともに働くなんてあり得ないのです。

まとめると、現場の皆さんに足りないものがあるとするなら、それは、インプットではなくアウトプットの場のほうです。分かりやすい成果を出す、なんて小難しい意味ではなく、「自分たち各々が持ち味を持ち寄って、すでにこんなふうにあんなふうに、どうにかやってきたよね」ということを吐き出してもらい、耳を傾け、承認し合う＝行為を理解し合う、ということです。これが、個人の能力から他者との「関係性」にフォーカスしていく際に、地味で、一見ばかばかしく、また牧歌的にも思えることなのですが、根源的に必要になる営みです。もう、すでに在るよね、有るよね、いろいろやってきたよね、とハグし合うような気持ちが、組織開発をうまくいかせるエッセンス。方法論だけ、「組み合わせればいいんでしょ?」といった調子でやっていても、うまくいかないんです。他者と働くとは、「他者の合理性」を承認し合うために、吐露できる場があってはじめて為せるのです。

競争ではない間柄

さぁ、であるならば、次のステップとしては、シンさんのチームの定例ミーティングの場を、「我らはほんとよくやってきた!」と棚卸しし、感謝し合う場と設定。その上で、今後の方針なども対話を重ねて思考していく機会にするのが名案でしょう。実際にシンさんたちのチームは、進捗確認のミーティングと、互いを認め合うエンパワメントのミーティングとを分けて実施するようになったのでした。

いかんせんこのことは、昨今のタイパよく生産性を高める、周囲とは競争によって切磋《せっさ》琢磨《たくま》せよ、といった言説の真逆を行く取り組みです。まずはマネジャーに意図をよくよく腹落ちしていただくことが不可欠です。ですので、本章ではシンさんとの対話を例に、丁寧すぎるほどに、一般的なチームビルディングの前段階、大前提を描写してきました。

ちなみにですが、これまで進捗確認と全体方針の伝達くらいで時間を費やしていたチーム定例会議を、先のような場に転換させるのは、中にいる人だけでは厳しいことが多々あります。第三者的にファシリテート（推進）する人をその場に入れるなり、開催の場を物理的にがらりと変更することなど、何らかのたてつけの変更は必要となると思ってください。

誰かに問題があり、誰かを変えてやろうという営みではなく、組織という田を耕し、水をあげ、肥料をあげ、お日さまを味方につけ……という組織開発。手がかかりますよね。でも、人間の性《さが》を踏まえた、地に足の着いた営みだとも思えてこないでしょうか。誰それの「リーダーシップ」がいまいちだから、リーダーシップ研修とチームビルディング研修をすればバッチリだぜ！　なんて単純でうまい話は転がっていません。まずは認め合う土壌をしっかり耕しておかねば、水をやろうが肥料をやろうが、染み込むものも染み込まないですから。

もうすでに在る・有る

ここまでくると、あとはシンさんのチームが有機的に、組織開発的エッセンスを取り入れながらよしなに調整しつつやってくださることと思います。いよいよデブリーフィング（振り返り）の時間です。やりとりを覗いてみましょう。依然としてある種混沌《こんとん》としていて、それがかえって「働くということ」を映し出していて面白いはずです。

＊

テシ　というわけで、私からしたら、皆さんに何かを「与える」だなんて、おこがましいです。皆さんのほうがよっぽどすでに、たっくさんの知恵や経験を持って、どうにかやっていらっしゃる。あっぱれの一言です。私がさせていただいたのは、強いて言うなら、すでに在る・有ることを「引き出す」ことくらいだったでしょうか。限られた期間だけでも仲間にしていただき、感謝です。ポンコツなのに。

シン　まだ根に持ってるじゃないですか。もう「すでに在る・有る」。今回の採用方法の見直しの時点から通底している哲学とも言えそうですよね。あれが足りない、これが足りないってさんざん言われてきたからなぁ。問題は何かが「足りない」箇所で起きるのだと思い込んでいました。もうすでに在（有）ると気づいていないことこそ、問題につながりやすいってわけですね。

テシ　ファクト、エビデンス、アナリティクス……いろいろ言われますが、ご自分が思ってきたこと、体験してきたことは、シンさんそのもの。それこそ「ファクト」なんです。それは、周りの方にとっても同じことです。周りの方が、漠然と思ってきたことも、その人を形づくっています。ご自分が無意識に採用の際にとらわれていた思考のとおり、そう簡単に「なかったこと」になんてできるものではない。だから、以前おっしゃっていたような「弱音」とか「不毛」とか、勝手にレッテル貼りして口を塞がず、お話を続けていってくださいね。

あ、あと、この話は会社の中だけじゃないです、シンさんのお連れ合いの方やお子さんとの関係においても同じです。お子さんの通う学校にも、ご一考いただきたい点かもしれないですよね。「教えよう」の前に、いかほど子どもたちの声を「引き出し」、大人が学ばせてもらえるか。いずれにせよ、どんな人も山あり谷ありの旅路を歩んできてますから、引き出すものは山ほどあります。……ってシンさん、聞いてます?

ポンコツ、未完、揺らぎ

シン　（ボーッ）何か……幽体離脱しかけました。
テシ　すいません、しゃべりすぎましたよね。
シン　いや、何か、すごい分かる、という気持ちと、そんな青年の主張を……みたいな気持ちと、混在中。

テシ　それです、それ。いい悪いではなく、ただただ「今こんなこと思ってるんです」の積み重ね、他者と重なる部分もあればそうでない部分も、そのまんま持っていてください。何でも美談にしないと気が済まないのは、現代人の悪い癖です。たぶんですけど。「働くということ」を探究してきてこう言うのもなんですが、こねくり回したくないんです。だって、何度でも申し上げますが、もうすでに働いてきているんですから。他者とともに今の今までもうすでに立派に生きてきているんですから。そこに良し悪しだの美醜だのを、専門家風につけるほうが、無粋ってなもんですよ。「今こんなことをなんとなくですけど思ってますー、最近ぐらぐらしてますー」ってメンバーにもお話しできる状態であることが大事です。「リーダーシップ」は揺らぎのない固定的な屈強なものではありませんよ。永遠の未完を認められることのほうが、よほど魅力的なリーダーです。シンさんのチームはシンさんのチーム。あちこちぶつかりながらでも、お互いを尊重することを忘れない限り、必ず道は開けていきます。

当初思い描いたところではないかもしれませんが、それこそ他者と働く醍醐味《だいごみ》。応援してます。

*

シンさんとのエピソードを通して、しぶとい能力主義的価値観を自覚しながら、しなやかに揺らぎつつも抗い、組織をどうにか動かし続ける――働くということ――を見てまいりました。シンさんの名誉のために申し上げますが、彼だけが能力論の残骸を背負っているわけではまったくありません。私の中にだってバキバキに。ただ、言いわけするつもりはありませんが、それも無理はないのです。序章から述べてきているとおり、能力という虚構的概念を据えるほうが合理的な社会の構造がしかとあり、そのことはもはや「正義」の一部であるかのように、骨の髄まで我々の生活に染みついているからです。しかしだからと言って、能力主義になす術《すべ》なし、というわけではないことを、組織開発の実践事例からお伝えしたく、人と人がともにことばを交わしながら歩むことにより、相互作用的に思考が変化していく様を描写する形式をとってまいりました。

余談になりますが、このことを考えていると、トマス・アクィナスのpassion（熱情）というラテン語は、passive（受け身）の語源になっているという話を思い出します。*4 そのままを感じること。社会を変えるのは必ずしも強大な力だけではない。誰もが持つ感覚や、気持ちを味わい、それを出して、受け止めてもらえる。そんな小さな主体の立ち上がりが社会を動かすのだと、初めてこの話に触れたときに、感動したものです。仕事や人生を戦争に見立ててきたような人からすると物足りない世界観かもしれません。でも、高度経済成長期じゃあるまいし、あらゆる資源に限りがある中で、かつ環境問題のような出力の仕方にも配慮が求められる昨今です。今以上に何かを求め増やすのではなく、足元に目をやる、有りものの価値を再認識することが欠かせないのだと、組織開発の実践からも思うわけです。

先のシンさんとの対話は、鮮やかなコンサルティングなんかにはほど遠いかもしれません。でも、働くことの、それこそ縮図のように思っています。分からない中を生きる。進む。それでいいのです。

「すでに在る・有る」を認め合えば、小さくても確実な一歩が踏み出せます。草の根的な活動ではありますが、まずはここから。どこをどう改善すべきだなどといった話は、互いを慈しみ合ったあとでいいんです。きっとできます。みんなずっと昔からそうしたかったはずですから。

何を残すのか

私の活動の大前提には、自分が進行がんに冒されたことで、未来に「競争」ではない何かを残したいとの思いがあります。となると、クライアントはどんな未来を描いているのか、つい伺ってみたくなります。ご縁あって対話の機会を得て以来、どんなことをお考えなのか、さらに二か月後、シンさんにこんなふうに伺いました。

テシ　いやーそんなわけで。ここまでいろいろありましたよね。ちなみになんですが、シンさんがいらっしゃるのは、教育サービス、人材開発業界とも言えますね。何を未来に残しましょうか。

シン　そこですよね。何か今回、自分がこれまでとは異なる視座でメンバーを迎え入れて、組織づくりをしてみて、思いました。僕らのやっている「教育」が、「強い個人」と「弱い個人」を判別して、「社会の役に立つのは『強い個人』だけですよ」と言わんばかりに、個人を急き立てたり、コンプレックス産業のように煽るのはやめたいな、って。まだロジックを完璧につくれていないので、経営幹部には言えませんが。

テシ　人材開発業界の言わずと知れたドンがですか!?

シン　人と人が、ある種偶然のもとに集まって、目標に向かっていく。関係性の調整によって、予測不能な未来をつくる。これを僕も広めたい。そう漠然とですが今、思っています。親父が聞いたら、「は？　だからお前は負け犬なんだよ」と言うかもしれない。親や年長者は敬うべきだけど、窮屈な現実を彼らが自らつくり出してきた部分は否めない。僕は僕というレゴブロックを活かしてくれる人とどんどんつながっていくのが使命なのかな、なんてことを今思ってます。アキコさんが入ってから、僕のプレイングマネジャー的な面は少し余裕ができたので、今は新サービスの企画開発も営業案件と並行してやってます。ありもしない「能力」という概念を使って個を伸ばす発想ではなく、人とつながってどう試行錯誤していくか？　その模索を助けるサービスを、ＡＩならできるんじゃないか、って。テッシーさんもある意味でサービス開発に加わっていますよ。発想元は今回の組織開発ですからね。

ここまでシンさんとの対話にお付き合いくださった皆さまに、感謝いたします。シンさんをモデルにしたこのような一連の対話は、きっと少なくない方のお役に立つような気がして、いつか本にまとめたいとずっと思っていました。なので、こちらで叶《かな》えてしまいました。いろいろなケースのブリコラージュ（今持っているものを寄せ集めて目的のものを作ること）によって生まれた創作エピソードですが、モデルとなった方々にも、深く御礼申し上げます。相互作用なので、私にとっても気づきの宝庫ともいえる軌跡を辿ってきましたが、本章も佳境も佳境。壮大な話をしてきましたが、誰から先に変わるべきなのか、についても言及してから、本章のまとめに入りたいと思います。

四　変わるべきは誰か

個人の能力から「関係性」へと焦点をずらしていく取り組み。これがまったなしで求められており、またこんなふうに人と人とを紡ぐことが組織開発なのね、ということの一端を摑んでいただいたかと思います。ですが対社会で考えると、一体どこから変えるべきなのか、迷いがあります。なにせ、生きとし生けるものは互いに連動し合って成り立っているから社会システムと呼ばれるわけで、どこをどうすれば、というのは一筋縄にはいきません。

ただ、私は修士論文にはじまり、これまでの組織開発の経験を鑑みた上で、まず声の大きい企業、経済界やアカデミズムで著名な方々が、「個人の能力で仕事をしている／社会を形づくっているのではない」と明言してほしいと思っています。「個々の能力ではなく、皆でなんとか凸凹を組み合わせて補い合って、失敗もしながら進んでいるのですよ」と言ってもらえたら、と思います。

というのも、初作でも、大学という本来ぶっとい理念がある組織とて、企業の動向に振り回される件について、自身の修士論文をもとに述べました。資本主義経済にあって、経営側が資本をかき集めながら、変革を起こすことはいかんせん難しい。分かりやすくお金を集められないことには、失策とされてしまうのです。

ただでさえ「分かりやすさ」を必要とされる場面で、関係性の議論は立つ瀬がなさそうです。これまで見てきたとおり、関係性という概念は、個人の能力論と比べて、水物のように揺らぎがつきまとい、圧倒的に分かりにくいからです。個人の能力を測定可能、比較可能、伸長可能なものとして扱い、「あいつはダメだ」「こいつは使える」とやっているほうが、体制側にとっては好都合。こうして、教育責任、もとい製造責任として「優秀な労働者」の量産を請け負う大学は、大企業が声高に叫ぶ「求める人材像」ランキングとも連動し、時に自分たちのカリキュラムまでも企業側の「求める能力」の要請に呼応するように変えてしまいます。

ですが、やっぱり言いたいのです。せめてこれから社会に出る大学生や高校生たちに対して、「○○力がわが社の〜」と触れ回ることだけでも、大きな企業から率先してやめませんか、と。自社の社員を見てください。みんな凸凹しながらもやってます。「うちの社員」が未熟なのではありません。私たちは皆、未熟なのです、と。

社会のデザインは、一見すると教育に懸かっているような気がしますが、現在の産業構造、教育システムを鑑みれば、誰から変わるべきなのかはお察しのとおりです。教育が右向け右、と倣う先である企業、労働社会。こここそが、脱・「能力主義」、組織開発的視座に変わっていくことが切に期待されるのです。

五　脱・「能力主義」とは「人間観」の見直しである——第二章まとめ

たった一人で達成するものの小ささたるや。どんな状態であれ、とりあえず前を向いて、なんとか進んでいる。これが仕事の原型、もっと言えば人生の全貌です。「有能」になることや、「自立」すること、人と「競争」することのために、生きているわけではありません。人と人が組み合わさって、助け合うことが生きることなのです。

しかしながら、私たちの社会は、「自立」を目指すばかりに、本来組み合わさってなんぼの人間を「個人」に分断し、序列をつけて「競争」させる——これを学校で、職場で、こと現代はしこたまやりすぎました。そこから生まれたものは、冒頭からお伝えのとおり、大多数の方々の「生きづらさ」に他ならないのではないでしょうか。シンさんのように、懸命に仕事にまい進し、人から見れば順風満帆な人とて、個人の能力をどうにかすることが「よりよい社会」の入り口だと信じ、徒労が絶えない様子でした。こうした姿は、何度も申し上げたとおり、シンさんに限らず、人材開発に従事していた頃から本当にたくさん目の当たりにしてきました。

立派な社会構成員をつくることを、教育が担う。その「教育」は序章で述べたとおり、「人格の完成」を教育の目的として、教育基本法の冒頭に掲げていました。同法第二章第五条二項にも「義務教育として行われる普通教育は、各個人の有する能力を伸ばしつつ社会において自立的に生きる基礎を培い、(中略)資質を養うことを目的として行われるものとする」とあります。

また、二〇一五年改訂の学習指導要領で「特別の教科 道徳」となったことを解説する文部科学省のことばにも、「将来の変化を予測することが困難な時代を迎え、よりよい社会と幸福な人生を自ら創り出していくことが重要となります。そのために必要な資質・能力を養うために、道徳教育はこれまで以上に重要な役割を果たすことが期待されています。（中略）道徳教育の目標は、『自己の（人間としての）生き方を考え、主体的な判断の下に行動し、自立した人間として、他者とともによりよく生きるための基盤となる道徳性を養う』ことにあります[*5]」とあります。

つまり、労働市場をはじめ、「社会は厳しい」と。だから頑張ってみんな「自立」してよね、と言わんばかりの「自立」「自助」の価値が、厳しいことばで申し上げれば、「不用意に」押し上げられています。

しかし、しつこいようですが、能力をより多く、より高く身につけた人が「自立」して生きれば、「よりよい社会」になるのでは……ないですよね。かつ、教育だけが「能力よりも関係性ですよね！」となっても、その思想が教育を受けた先の大多数の人が向かう労働の現場と接続していなければ、骨折り損ではないでしょうか。この単純な事実を、体制側、つまり社会経済の基盤に関する決定権を持つ人たちにご理解いただき、「人間観」を見直す形で、経済界からまず号令が出されることを祈るばかりです。脱・「能力主義」の開闢《かいびゃく》が来たるとしたら、そこからなのです。

スッキリしたまとめではなくて恐縮ですが、スッキリ感のために事を単純化するのを避けたく、ここまで来ました。第二章で述べてきたエッセンスは入れ込んであります。何度でも、「ここは分かるなぁ」「ここは分からないなぁ」「自分は何を『正しい』と思っているんだろう?」などと、ご自身との対話を続けながら、ここまで述べてきたことをご自身の「革命」の最初の一歩にしていただけましたら幸甚です。

コラム① 二人以上の人間が目的を持って集まるならばそれは組織

ここまでお読みいただいた中で、「会社の話でしょ？　残念ながら自分には関係がなさそうだ」と思った方もいらっしゃるでしょう。しかし、安心してください。この組織論は、適用範囲がすこぶる広いのです。というのも、二人以上の人が目的を持って関われば、それは組織（≠集団）です。この社会でひとりきりで生きる、という人は厳密には存在し得ませんから、あらゆる組織構成員（企業の方はもとより、病院や学校関係者、スポーツチーム関係者、親子や夫婦関係などの家庭も立派な組織です）が、わが身を振り返る際の基本ステップとして、押さえておいていただければと思います。

もう一点、「難易度が高すぎるんじゃないか」といった声もあるかもしれません。難しすぎる、なんて思う必要は微塵《みじん》もありません。「へぇ。考えてみたこともなかったけど、そういう視点も必要なのね」と知ってさえいれば、誰でもトライできます。要はそれくらい、組織の問題を、個人の「問題」だと思わされてきた、というだけの話なのです。それは序章でお伝えしたとおり、競争による「成長」を政治経済が求めたことで、個人単位であれが足りない、これが足りない、あの人はあれができるからもらいが多い、できない人は残念ですね……とさんざん「設定」されてきたことが大きいでしょう。先のシンさんも、対話のあと繰り返し、「組織をよくしようと思ったときに、個人を『成長』させる、とか、『優秀』な人を採用するっていうこと以外に考えたことがなかった」と目をぱちくりさせておっしゃっていました。他の選択肢が知らず知らずのうちに消去され、そう思うに至らしめるって……地味に洗脳ですけどね。

関連してもう一つだけ。逆に、こう思った方もいるかもしれません。「こんな問題の本質に気づかないなんて、自分にはあり得ない。そもそもこのマネジャーの知力やマネジメント能力に問題があるのでは？」と。強気なあなたにお伝えしたいのは、自分の後頭部を自分の目で見られる人はいますか？ 見られないのは能力の問題なのでしょうか？ ということです。素朴な疑問を素朴なまま問えるかどうか、はいわゆる偏差値的な問題では必ずしもありません（いわゆる知力の高い従業員が働いていると自信のある名門企業でも、さまざまな問題がバキバキに起きているから、私にも仕事があることを付言しましょう）。むしろ、自身の限界を知り、周りのサポートをレバレッジ（てこに）しながら対応する術を知っているかいないか、が問題だと言うべきでしょう。

コラム② 誰が悪いのか？ 悪者は排除すればいいのか？

本書を執筆している最中の二〇二三年八月、「若者の早期退職が企業の悩みとなる中、名古屋大学の研究室などが企業の採用試験で行う適性検査の回答データをＡＩを使って分析することで入社3年未満で退職する若者を採用前の段階で予測することに成功したと発表しました」[*1]というニュースが耳目を集めました。特に注目したいのは、ニュース記事のこの記述です。

「適性検査の回答をもとに『職場への不満を持ちやすい』とか『感謝の気持ちが持ちにくい』といった心理的な特性を数値化してＡＩに解析させた結果、全体のおよそ1割にあたる40人ほどが早期退職すると予測し、実際にその全員が3年未満に退職したということです。

また、およそ10万人分の回答から早期退職者の特徴を分析したところ、『上司をけなす』『同僚の好意を素直に受け入れない』『新しいメンバーに冷たい』といった特性が強い人ほ

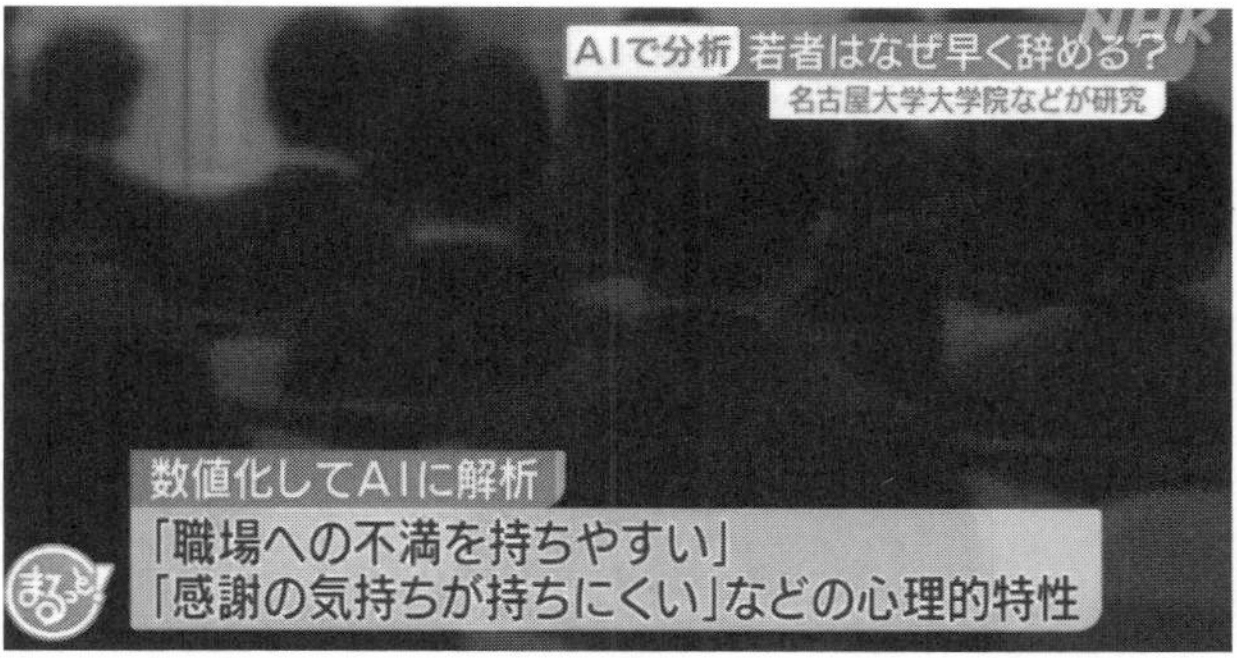

名古屋大学大学院などが行う若者の早期退職に関するAI分析の研究をNHK東海が報道。

ど、職場ともめるなどして退職を繰り返す傾向があることもわかった」——ええ？　えええ？　えええ え？　となったのは私だけでしょうか。

他者と働くことはなかなかに難しいことだ↓せっかく入社したのに平気で数年で辞めてしまう人が後を絶たない↓それは困る↓採用前から検知できればいいのでは？↓よし、このシステムだ！

……というロジックのようですが、ここまでお読みいただいた方はお分かりのとおり、かなり違和感があります。会社を辞めてしまう人だけが悪い大前提ですか？　そこでアラートの出る人物は採用しない（＝排除）という対応が、よりよく「他者と働く」ことなのですか？　疑問が尽きません。特性の組み合わせによって、「嫌になりやすい」ことが仮に予見できるのであれば、どうモチベートされそうな（意欲を持って職務にあたれる）人と職務の組み合わせが考えられるか？　昨今のＡＩの進展でどうシミュレーションが可能なのか？　知恵を絞るべき矛先は、そういった点であるべきだと考えます。

第三章　実践のモメント

一　なぜ今「働くということ」をことばにするのか

労働の現場はパンドラの箱

人は誰しも組織内外の他者とともに動き、その動きに支えられながら生きています。賃金を得る労働のみならず、ケアや利他学の観点から言ってもそうでしょう。つまり、「人」と「動く」ことはすなわち、その漢字が示すままに、「働く」ということそのものなのです。ですが興味深いことに、この営みはかくも単純なようで、もとい、単純明快に見えるがゆえに、リアルかつ整理された体系的情報はそう出回っているとは言えない状況です。

もともと人と人とのつながりの話なので、個別性が高く、またビジネスと言ってしまうと「企業秘密」ということばがあるように秘匿性も高いため、無理もないのかもしれません。社会に生きる人のほぼすべてに関係していることなのに、「仕事」論となると、もっぱら戦略の重要性を説くものや、赤字企業の立て直しの物語（『ザ・ゴール』[*1]シリーズなどは最たるものでしょう）や、労働市場で個人が生き残るための「○○力」獲得を称揚するような指南本が主力ではないかと思います。「働くということ」の内情を、掘り起こして文字にすることは、いわばちょっとしたタブー、パンドラの箱と言ってもいいのかもしれません。したがって、職場の機微を描くのは、むしろ文学作品の本領。八木詠美《えみ》『空芯手帳』が太宰治賞を受賞したり、高瀬隼子《じゅんこ》『おいしいごはんが食べられますように』が芥川龍之介賞を受賞したりといったことは、頷《うなず》けます。組織論に多少は明るい筆者が読んでも、「職場って、仕事って、ほんとそういうとこあるよねぇ」「特に、『選ばれる』ってそういう残酷さあるよねぇ」に満ち満ちていますから。

だからと言ってこの現況に、何ら問題がないとは思えません。プロローグの家族のように、他者とともに動く、すなわちは「働く」という根源的な営みこそが、多くの人にとって「生きづらさ」の火種になっていることは紛れもない事実だからです。労働者にうつ病が増え、それに伴い休職や自殺者数が増加。*2 病《やまい》とまではいかなくても、「できる上司は〜」「リーダーになったら読む〜」「世界のエリートはなぜ〜」……職場での生き残りを賭けた攻略本は雨後の筍《たけのこ》状態。それだけ皆が悩んでいて、攻略本を手にとる。けれどなかなか解決しないから、いつまでも手を変え品を変え指南書が出続ける。「働くということ」のしんどさの軽減を謳う産業は、もはやダイエットのようなコンプレックス産業に近いものを感じてしまいます。

ブラックボックスのままではいけない

ビジネス上、口外できない、などと言ってブラックボックスのままになることの多い労働の現場（「働くということ」）。しかしこのままで、事態が好転するとは思えません。かと言って、自社の経営のため、いかようにも人事施策の潮流や課題を「生み出す」ことが可能な人事コンサルティング会社などが、職場のリアルにどこまでしがらみなく迫れているかは、私自身もかつて属していたからこそ、いささか疑問に感じます。ならば労働研究者が、と言いたいところですが、序章で述べたとおり、労働研究の第一人者が「選ばれるように個人も企業も頑張ってください」と提言しているようでは、頼りにするのはちょっと難しそうな気も正直します。

というわけで、誰にも頼まれていないのですが、私は勝手に使命のようなものを感じています。教育社会学という、社会の当たり前を一度疑い、よりよい社会を構想する学問の薫陶を受けた上で、人事界隈《かいわい》で仕事をしてきた、野良で闘病中の組織開発者……といういかにもしがらみのなさそうな吾が輩が描くべきこと、描けるものはそれなりにあるのではないか。エドガー・H・シャイン『人を助けるとはどういうことか』と宇田川元一『他者と働く』は、まさに「他者と働くということ」を解きほぐす希少な名著ですが、それら先達が著してくださったことをより内部のプレーヤー目線から描写し、実装段階で必要な勘所を明示してみたい。社会を俯瞰する鳥の目を持ちながら、蟻の目、つまりミクロな職場のリアルに迫り、恐らく、これまで誰も語ってこなかったであろう、労働と不可分に語られることの多い一般的な「選抜」の概念について、その一般論をいかに捨象していくのかを、ことばにしようとしてきたわけです。思えば遠くに来たものです。少し振り返ってみましょうか。

「選ぶ」「選ばれる」の本質はどこに

「働くとはどういうことか」――おいおい、問いが素朴すぎるだろ、と思う方も多かったでしょうが、そのくらい普遍的なのに問い尽くされてはいないであろう点をあえて出発点にしました。

「選ばれたい」日常、と題して、職場はもとより教育、パートナーシップなど社会生活全般に蔓延る「選抜」の様相を描いたのがプロローグです。そして序章では「選ぶ・選ばれる」という社会秩序維持のための基本的な選抜・配分原理について、教育社会学という学問的な歩みから振り返りました。その上で第一章では、これまで捉えられてきた「選抜」や「評価」「処遇」といった、人を見極め、采配していく一般論の危うさを筆者の視点から示しました。さらに、第一章で述べた現行議論の穴にいかに気づき、埋めていくか？　について、実例とともに述べたのが第二章です。「働くということ」について、特にそこに伴う「選抜」という不可避の側面について、関係者の繊細な心情も含めて書きました。

リアルな企業のケースから垣間《かいま》見えるのは、人が人を「正しく選ぶ」という驕《おご》り高ぶった感覚に陥ることなく、偶然の出会い・出来事をやみくもに否定することのない取り組み。個人や状況に良し悪しをつけることなく、ただただ他者とともに「弱くて強い」連帯をしていく姿と言えます。シンさんのみならず、本当はどこの職場でも「働くということ」を考えた際に足元で起きていることだと思っています。

実践の端緒（モメント）を掴む

とはいえ、です。いまだ皆さんの中には、一抹の不安、モヤモヤが残っているかもしれません。ここまで描かれていたことが、いささか壮大で青写真っぽく映り、「そんなこと本当に自組織でやれるのだろうか……」、そんな思いがおありではと想像します。「組織長がまずもって知っておいてくれないと、どうにもならないんじゃないの？」。そんなお声もあるかもしれませんね。

　そこで、本章ではいよいよ、そうした実践に向けた懸念にお応えしたく、働くことについて、単純化を避けながらも、皆さんの日常で活用できそうな着眼点をまとめます。

というのも、組織開発でも本当によく尋ねられるのです――「何に気をつけてやればいいですか?」と。「相手に良し悪しをつけず、まず一旦『そう思ったんだね』と受け止めてみてください」などと口を酸っぱくしてお伝えしても、わりとスルーされてしまいます。多くの人は誰かに「自分が(能動的に)やるべきこと」をはっきりさせてもらわないと、分かった気がしないようです。それも一つの性でしょうから、第三章では私もあえてそうした点にこだわって、整理してまいります。経営者でも、管理職でも、一般社員でも、新入社員でも……すべての皆さんに共通して、ここだけは押さえておきたいエッセンス、実践のスイッチだと思って、ポチッと押してみてください。

人が人を「選ぶ」こと、を頑張るのではない

「働くということ」について執筆するにあたり、私が一貫して着目してきた「選ぶ」「選ばれる」ということば。当初、個人的には苦々しい思い出こそあれど、社会全体としてはなくてはならない概念だと思った方もいたことでしょう。ですが、このことばにこそ、労働を解きほぐすカギがある、もっと言えば、現実とことばの概念との間に大きな溝がある

と睨《にら》んで、考察してきました。そして巷で考えられているような「よりよい選抜」というものが、必ずしも「よりよい組織」をつくることには役立っていない可能性を、事例を通じて示したつもりです。

「選ぶ」と会社組織などで言うときには、「勝ち馬に乗る」「負け戦はしない」などの意味を含む場合もあります。つまり、勝敗や序列づけを伴った個人の選択が想起されるのです。

かくも、働くことと、本書が指摘する「人を『分ける』ことで『分かった』気になり、『分け合い』を決めること」(=選抜、配分)というのは、一般的には不可分の関係にあると考えられているわけです。労働は、社会経済的価値の分配を伴うので、いわば当然です。食い扶持《ぶち》のために働く、という言い方もありましょう。

ですが私は、今この社会にうっ滞している、労働にまつわる閉塞感を打開するカギは、人のことを(もっと効果的に、もっと戦略的に)「選ぶ」、という点にはないのだと考えています。

「選ぶ」のは自分のモード(態勢)

では、大事な観点は何か。強いて言うなら、人のことではなく、「自分自身のモード（態勢）をいかに『選ぶ』か」という点にこそ注力する――これが変革の一丁目一番地だと考えます（昭和ビジネス用語と言われそうです）。

他者を、科学的客観性だの、長期インターンシップ[*3]だのを通して、「正確に」把握し、「選ぶ」。これにいくら一生懸命になろうとも、所詮、万物は流転しています。自分も他者も、絶えず揺らぎの中にいるのですから、どこまでも正確に「予測」することには限界があるのではないでしょうか。もとい、「正確に」って、何に対してか、よくよく考えれば意味不明です。なので、ここまでの事例とともに私が声を大にして示してきたのは、自分の見方をいかに客観視するか？　ということです。

第二章のシンさんが起こした組織の変容も、とどのつまりは、「あ、そっちのモードもあったか」と気づいてもらったことが転機でした。そっち、というのはつまり、強くあれ、勝ち続けろ、という「優秀」さのみを「一元的な正しさ」とする価値観だけではないよね、という意味です。それに気づき、しれっとモードを変えていく。「リーダーたるもの」とか、「優秀なビジネスパーソンたるもの」とかありもしない理想像で自分も他者も窮屈にしないで、押してもダメなら引くような感覚です。ゴリゴリやる人を否定しているわけではありません。ゴリゴリだけが唯一解ではない、今の単一的な評価軸では漏れてしまう人の強みも足し合わせたらいいじゃないですか、というお話なわけです。

巷の人事論にはない論点

本書をお読みの皆さんはこれまでも「働くということ」に、一生懸命向き合ってこられたと想像いたします。ですが、人事にまつわる巷の情報の多くは、採用、評価、配置と重要フェーズのどれをとっても、他者を「見極める」「選ぶ」という範疇《はんちゅう》にあったのではないでしょうか。「優秀層」や「求める人材像」などといったことばが示すとおりです。レイヤー（層）＝序列や、像＝規範、「正しさ」ありきの世界観なのです。

でもお気づきのとおり、「正しさ」や「序列」「優劣」には際限がありません。終わりなき旅なのです。どうせ頑張るなら、今の自分や周りの他者を否定して、「もっともっと」を求める生ではなく、自分自身を舵取りすることに精を出す。そして、永遠に終わりなき「正しく人を選ぶ」旅は今日でやめにする。「選ぶ」ということばは、他者に対してではなく、自分に使ってこそ、「働くということ」を豊かにするものだと、肝に銘じたいものです。自戒を込めて。

人事論ではそうそう出会わない視点かもしれませんが、実は哲学の定義そのものと言っても過言ではなさそうです。哲学者の小手川正二郎先生はその著作『現実を解きほぐすための哲学』で、哲学を力強く、次のように定義しています。

哲学は、自分の頭で考えることを促し、思考や対話を通じて一人ひとりが変わることを可能にする。哲学とは、偉大な思想家の言葉をありがたがることでも、耳慣れない用語を使って浮世離れした話をすることでもない。それは、自分と他人が生きている現実に向き合って、とことん考えた末に、自分自身が変わることである。

（同書二頁）

ゆえに「社会問題」と呼ばれるものは、どこかの知らない誰かの話では毛頭なく、「自分自身が現に関与し、自分のあり方が問われている問題」（同書一六頁）であると説く。

「自分の在り方」に無頓着なままの問題解決などそうないのです。

二　あの人が自分のモードを「選んだ」とき

と、いうわけで。個人の能力に拘泥せず、いかに「関係性」を紡いでいくのか。この一端については、これまで説明してきましたが、ここからは、いかに「自分の在り方」を問うていくのか、職場レベルで言えば、組織で自己のモードをいかに自覚して、「選ぶ」のか？　に焦点を絞ってまいりましょう。自己のモードの客観視と柔軟な選択により、「働くということ」がその場の方々にとってよりよい経験になった事例をご紹介します。それらを読み終わった三〇分後から（三〇分は休憩しましょうか）、どう自分・周囲と向き合っていくべきか？　をご考察いただき、少しでも視界が開けましたら幸いです。

①　売ってこそ営業、の価値観の歪みに気づき、変容させた事例

私が独立して、最初に組織開発者として仕事をいただいたのは、某保険会社の営業部員

（いわゆる保険外交員）を束ねる営業所での、パフォーマンスアップの支援でした。要は、もっと「売れる組織」にしたいんですけど、というご依頼です。そこで丸々三年間伴走させていただき、その営業所が、全社的な基準として掲げられた「営業生産性」の世界一に二年連続で輝く瞬間に立ち会わせていただきました。

従前の採用・育成の杵柄《きねづか》

このケースで私が学ばせてもらったことの核は、一口に「営業」と言っても、複数の勝ちパターン（売り方）が存在している、ということでした。いつも元気で笑顔、相手から呼び出されれば夜中でも付き合う。顧客のお子さんが受験と聞いたら、太宰府《だざいふ》までお守りを買いに飛ぶ。そういう「ザ・人たらし」営業的なタイプもいれば、損得計算に長《た》けた、顧客に「損させない」ことをロジカルに説明することで信頼を勝ち取る、コンサルティング営業タイプの方もいます。あとは、顧客層の狙い方がとにかく独創的で、ブルーオーシャンで一人のびのびやっているタイプや、攻めはせずとも守らせると強い、保守的ながら安定感抜群の積み上げタイプの方も。しかし、僭越《せんえつ》ながら私が関わらせていただく前は、人たらし＋クロージング（相手が購入を決める瞬間）をゴリッゴリに行うタイプの営業こそが「優秀」とされ、見た目も語り口もおとなしめの方は、周縁に追いやられている印象でした。実際に、にわとりが先かたまごが先か、ではないですが、期待してもらえないとさらにやる気を失い……と、ごく一部のやり手を除いて、組織全体の士気は低迷気味。それをも営業所長は「気合い」で乗り越えさせようとするもので、「気合い」という名の「どやし」が横行している組織と言っても過言ではありませんでした。もう時効ですが、営業所内を椅子が舞うなんてことも。それによって得られたのが「優秀」な営業パーソンではなく、萎縮した面々であったことは言うまでもありません。

そこで私は、どの営業スタイルでないとダメとか、誰は「優秀」だなどとは一切言わず、それぞれの歩幅で、それぞれの持ち味（≠能力）を活かし合って、顧客の多様なニーズを複数人で網羅していくことを提案、実践を伴走することに腹を決めました。長年の思い込みもありますし、リーダー（営業所長）自身がゴリゴリ（オラオラ？）系営業として成功してきていますから、自分と違うタイプへの承認はそう容易ではありません。所長もメンバーも、三年という時間をかけて、人の持ち味を活かす実践を本当に頑張ってくださいました。

これも時効だと思いますが、メンバーと所長とが、毎週毎週1on1をする際に、どうしても控えめなタイプの営業パーソンに対して、その所長はイライラしてきます。「とにかく今できていることを承認してあげてください」「口を閉ざさせるのではなく、相手にしゃべらせてください」と事前に一〇〇万回くらい言っても、だんだん赤くなる顔。よく見ると額には青筋がピッキーン。ヤバイ！　また椅子が宙を舞う！　ということで、面談席の横から、机の下で所長の靴を踏んで、我に返らせる……そんなこともやっていました。いい思い出です（私には）。

そんなことをヘレン・ケラーのサリバン先生的にさせていただく中で、次第に、その所長は「優秀」な奴を「選ぶ」、できる奴だけ育てる、というような感覚から、自分のモードを「選ぶ」ことで、どんなメンバーも活躍させることができることを体得しました。今も大勢のメンバーを抱えていらっしゃいますが、たまに「俺って、この新人のどこを特に見てあげるべき?」「どこを突くと、この子ってもっと走ることができそう?」などと相談をくださいます。当初は「何でこいつは売れないいんだ?」という、問題解決にはほど遠い問いでしたが、だんだんと「どうしたら売れる営業を採用できる（選べる）か？」という問いになり、最終的には、「いかに状況に合わせて自身のモードをコントロールすれば、気持ちよくメンバーが動けるか？」という問いに変わってきたのです。本当になんというか、人間の無限の可能性を感じます。

何をどう認識することが、自身のモードを「選ぶ」ことになるのか。具体的な変遷を、その保険会社での組織開発エピソードで見てみましょう。個人や組織の特定を避けるため、実話をもとに創作してあることをお断りしておきます。

テレアポが「無理」な営業部員

最初に相川さん（仮名、二五歳、二社目）にお会いしたのは、小雪舞う真冬の夕刻。もう薄暗くなってきていて、そんな中、まるでその冬空のごとく、薄暗いお顔で、面談の部屋に入っていらっしゃったことが、昨日のことのように思い出されます。髪の毛はきっちり整えていますが、よくみると首に鬚《ひげ》が残っている。ワイシャツの袖ボタンははずしたまま。余裕がなくなっちゃっていそうだな……そう見えました。彼を採用し、鋭意育成中だった上司で営業所長の浅田さん（仮名、三〇代後半、かつて何度も表彰され「伝説の営業マン」と称されてきた経験あり）が「育成に手こずっている営業がいる」と私に連絡をくださったわけを垣間見た気分でした。

＊

テシ　お忙しい中、お時間ありがとうございます。さっむいですねぇ。今日ってどんな面談だと浅田さんから聞いていらっしゃいますか？

相　あ、何かちょっとよく分かんないんですけど、とりあえず思ってることをしゃべってこいって言われました。

テシ　それはそれは。私は相川さんと同じ、営業のお仕事をされている方が、その人の持ち味を活かして、無理なく働けるようお手伝いしたく、お話を聴いて回ってる……そんな怪しい者です。

相　怪しいですね。

少しだけ笑ってくれた。入りはオッケー。ここから、日頃のお仕事の話。上司の浅田さんはとても熱心に相川さんと向き合っていらっしゃる様子ではあるが、どこかうまく嚙み合っていないことも、「育成に手こずる」とされてしまう要因の一つではあろう。慎重にお話を伺う。

テシ　今、その笑ったお顔を拝見して少し嬉しくなったんですが、浅田さんはもっと喜ぶでしょうねぇ。相川さんのこと、とても心配していらっしゃるご様子です。ご自身が採用したのだから育成責任を果たしたい。でも思いと裏腹に、窮屈な思いをさせているんじゃないか？　なんとかしてやりたいのだと、とても真摯に語ってくださいました。

相　そんなふうにお話ししてたんですね。いや、ほんとに、僕が売れなくて、迷惑かけてます。

アイスブレイク（緊張をほぐすためのきっかけ）からほどなくして、もう相川さんの目に光るものが見える。

テシ　お互いを思いやっている、素敵な師弟関係のようですねぇ。誰も無理させたくないし、無理したくないですよね。長い目で見て、誰のためにもなりませんから。ぶっちゃけ、お仕事のどのあたりが特にしんどいですか？　そこに調整の余地がないか、一緒に考えて、私は相川さんの笑ったお顔をもっと見たいです。そして、ご依頼くださった浅田さんにも、そのお顔を見てもらいたいです。自分がなんとか耐えれば、とか、できない自分が悪いのだから人に安易に頼ってはいけない、とか、もしかしたらそんな思いがあるかもですが、もう私、ここに来ちゃってますし、せっかくなので、一度頼ってもらえませんか？　ここがつらい、ここまではできる、とか教えてくださるとありがたいです。耐えれば、って言ったって、人間には限度ってものがありますから。

涙を堪えながら、お話しされる相川さん。ボソボソと語り出してから、途中でグンとギアが入った。

相　テレアポ、無理です。携帯を手にとると、手が震えます。怖いです。電話番号を知る人すべてにかけました。露骨に断られ、もうただただ怖いんです。浅田さんは「テレアポしかない」とおっしゃいます。保険営業とはそういうものだと僕だって思います。でも、僕は本当にもう無理かもしれない。思い切って転職してきたのに、こんな営業のいろはで手が震えてどうにもならないなんて、情けなくて消えてなくなりたい気持ちです。もうほんとにそうなんです。

テシ　お話ししてくださってありがとうございます。つらいですよね。自分の人脈を使い果たして、でもそれができなきゃ話にならない、かのように言われたら。私だって泣いちゃいます。ちょっと泣きますね、すいません（ハンカチでは対応不能な鼻水も出てきたのでティッシュで激しく拭う）。

相　僕、辞めたほうがいいよな、って思ってます。これ以上お荷物ではいられない。

テシ　うんうん、怖くて手が震える場所から去るのも一案。私は止めませんよ。ただ、また転職先を見つけるのも簡単なことではないですし、どうせ転職するにしても、今できることを試してからにしませんか？　「怖さ」そのものを軽減する方法がないか、今一度浅田さんに私から相談させてもらいたいんです。ちょっと思いついていることがあって。それがうまくいくかは分かりません。でもそのやり方を浅田さんにお許しいただけるのなら、辞める必要ないですから。どうですか？

相　新手の宗教とかじゃないですよね？

テシ　そうそう、この数珠をね……じゃなくて。違います。仕事の仕方を変えます。自分だけの問題だと思って、誰にも話せないでいるより、よくないですか。たまにはこんな怪しい人相手でも話すと。

相　初めて他人に話しました。浅田さんにも話せなかった。不甲斐なくて。

テシ　自分の弱みを吐き出せるなんて、不甲斐ないどころか、勇気のいることです。素晴らしいー。では浅田さんと作戦会議しますから、ちょっとお時間ください。ちなみに、今伺った率直なお話を、例えば「テレアポが大事なのも分かるが、そこに越えがたい障壁を感じている」といった感じで、浅田さんにお伝えすることを許してもらえますか？

相　あ、はい。僕自身からは言いにくいことですが、作戦会議する他なさそうなので、はい。

テシ　オッケーです。ご自分のタイミングで結構ですので、浅田さんを呼びに行ってください。勅使川原が今度は浅田さんと話したいと言っている、とお伝えを。

負け戦を強いない

テシ　……というわけなんです。

浅　なるほど。大の大人が見ず知らずのテッシーの前で泣くってんだから、やっぱり相当追い込まれてますよね。俺が目の前に座っても、同じことは聞き出せないなぁ。さて、問題はここから。どうしたらいいものか。

テシ　営業の世界でこれが許されるのかどうか分かりませんが、私の考えをお伝えしていいですか？

浅　どうぞ。

テシ　医者でない私が見ても、彼の抑うつ感は見て取れます。もうこれ以上、「何でクロージングできないんだよ！」とか「テレアポしないでどうすんだよ、遊びじゃないんだぞ」とどやしたら、本当に危ない橋を渡りかねない、そのくらいに思ったほうがいいと思います。他方で、相川さんは、この仕事から早々に逃げ出したいわけではなさそうです。浅田さんへの感謝のようなこともお話しされていました。

ならば、変わるべきはこちらではありませんか？　テレアポで手が震えて身動きがとれないと言うなら、いいじゃないですか、既契約の保全活動（家族構成の変化や転職などで人生設計が変わった際に保険契約の見直しなどを行うこと）のプロフェッショナルに育てたら。もしくは、向き合っての商談はできるのであれば、テレアポまでは所長がやったっていけない理由はないですよね？　口八丁手八丁で案件を成約するものの、そのあとほったらかしの営業だっています。その人たちのフォローに回るとか、アリじゃないですか？　ないしは、新規契約がどうしても必要なら、彼のような柔和で誠実さがにじみ出る、おとなしめのタイプは、例えば節税対策に血眼な経営者のところなどに行かせず、職域営業を中心にしてあげたらいいのでは？　自衛隊や学校など、華やかなゴリゴリ系営業は行かないけどもマーケットとして安定的で大きなところがありますよね？　要は、浅田さんは自分の勝ちパターンにしがみついて、まったく異なる背景・人格を持つ人間にとっては負け戦になるようなやり方を強いていませんか？　という話です。彼には彼の戦い方が必ずあるんです。

浅　ふーん。今のやり方がすべて、というわけではないわな。なるほど。その決断をするかどうかは俺に懸かってるってわけね。ダメなあいつをどうしようか？　という問いは、俺がどう采配するか？　に変えることで初めて問題解決へのスタートラインに立てる、と。

テシ　さっすがですね。これまでのやり方をもっと強制力を持ってやらせようとすることは、見るからに困難。組織開発の基本から言っても、愚策。彼に合ったやり方に、挑戦してみましょうよ。ご了承いただけるなら、もう一度ここに相川さんを呼んで、今度は三人で話し合いを続けましょう。

「正攻法」を捨てた先に

浅田営業所長の決断は早かった。すぐにやってみよう、ということになり、相川さんとその日のうちに、既契約のフォローですぐにやれることや、新規契約にしても見込み顧客のターゲットをずらすことを打ち合わせ、今週中に行うべきタスクをまとめた。その後も定期的にお会いする中で、相川さんの持ち味は徐々に活かされ、笑顔を取り戻した。特に教員を顧客とした職域営業で、人気を博したらしい。浅田営業所長自身、新しい営業の活路を見出したことで、ご自分の自信にもつながったと語る。勢いに乗って、相川さんの後輩になるもう一名の採用も決めたそうだ。

「優秀」な人を「選ぶ」のでも、「優秀」な営業に「育てる」のでもない。一元的な「正攻法」を捨て、どんな人材にも拙速に良し悪しをつけることなく、他者と組み合わせながら適切な職務に相対させる。「選ぶ」のは他人のことではなく、自分自身の気持ちを俯瞰しながら、落ち着いて自己のモードこそを「選ぶ」のだ。それは、仕事がうまくいっていないとされる側にとっても同じことだ。「自分なんか営業に向かないな。もうやだな」と思うは易し、「ここまでならやれそうだ、これだけは本当にしんどい」など、今一度言語化して自己のモードを捉え、選択の余地を探ることに努めたい。無論、管理職側がそれに耳を傾けてあげることが大大大前提だが。

人の顔色を気にせず、強気で「買ってください！」「今決めてください！」と迫れる人も中にはいます。そういう人はどんどんそうして売ったらいい。ただ大事なのは、一つの勝ちパターンのみを良しとしないことです。仕事の仕方はその人の在り方の数だけありま す。一元的なやり方を「正攻法」のように扱わず、多様な顧客の多様なニーズを一人の個人に背負わせるより、多様な持ち味の多様な営業パーソンで分担し合いながら負ったらいいのです。つい「売れる営業はコレ」と決めがちですが、そうではない。一元的な基準ではこぼれてしまう人に、その人に合った役割、在り方を提案できるのが脱・「能力主義」。つまり個人の能力一辺倒ではなく、凸凹の持ち寄りという「関係性」でなんとか前に進む方向性を提案できるというのが組織開発の強みなわけです。

中でも最も重要だったのは、「優秀な営業」を「選んで育てよう」というスタンスから、今、目の前で試行錯誤しながら頑張ってくれているメンバーの持ち味を認め、それを活かして職務を組み立てる道もあるのだと、見せてさしあげることでした。これがマネジャー側の変革ですし、メンバー自身も、守破離（武道や芸道の修業段階を示すことば）は大事とはいえ、生理的に受け付けないようなことには果敢に、代案をもって交渉することの有用性に気づかされた経験となったようです。相手を値踏みしたり、一方的に卑下するようなことが、「働くということ」ではありません。どの立場でも、自己のモードを適切に「選ぶ」ことにより、道は拓《ひら》けるのです。

思い出してください、個人はレゴブロックのようなものなのです。小さな一つのブロックに、「あるべき姿」だのなんだのと言って、あれができてこれもできて……と追い求めることは、ナンセンスです。それどころか、一つのブロックを予測可能な範囲で小さくまとめているに過ぎないことも多々あります。「優秀」な人を「選ぶ」発想から、組み合わせの妙にこそ気づけるよう、自身のモードを「選ぶ」。そうして、人と人、人と顧客、人と職務とを組み合わせていくわけです。

さて、続けて今度は、また違ったパターン。つまり「優秀」と一般的に言われるメンバーが、周りの他者と協働の網の目をこしらえることこそが仕事なのだと気づき、自らのモードを調整していくようになった事例を挙げてみましょう。これも案外、頻出する学び多きパターンだと思います。

② よく考えたら足を引っ張る必要がない、と言わしめた事例

人の内面に固定的で良し悪しのついた能力のようなものが存在しているかのごとき前提で、誰かのことは「できる」とちやほやしたり、他方で誰かは「できが悪い」「使えない」などと平気で切り捨てる。そんなのってないよねぇ、ということを今までもいろいろなところで述べてきているのですが……、正直、「ぬかりのない、賢い人だなぁ」と思わずに

はいられない人に出くわすこともあります。圧倒的なバランス感覚、と言うべきか。クライアント先のエース社員であるエリコさん（仮名、三〇代前半）はその筆頭と言えます。しかし、その本人や周りがしあわせに働いているか（いたか）というと、それは別問題だったりもします。「働くということ」の充実感は必ずしも能力の問題ではない、ということの証左でもありそうです。どういうことか、見ていきましょう。

伝統的日本企業（ＪＴＣ）を経て、とある気鋭のスタートアップ企業に転職したエリコさん。ＪＴＣのピラミッド型組織において、自身の職務が明確で、やったことを上司が見て査定して……というある種整った環境から一転。上から与えられる職務というのはほぼ存在せず、「組織のパーパス（目的）のため、自分ができることをやってください。以上」といった組織へやってきました。入社から半年ほどは戸惑いも若干あったようですが、その後彼女はめきめきと頭角を現し、社長も一目置くまでの存在に。後日談的にキャリアの振り返りを、第三者として、させていただいたときのお話です。そこでのお話は、自分くらい「賢い」同僚を「選ぶ」、上司の能力を「見極める」ようなスタンスでいたところから、いかに抜け出して、まさに「働くということ」の喜びを噛みしめるようになったか？

そんなリフレクション（内省）でした。

「この人頭悪いなぁ」と思ってしまう

テシ　野暮な質問ですが、前職のＪＴＣは、待遇も将来性も申し分なかったでしょうに、どんな理由で退職されたんですか？

エ　これを言うと嫌な奴感が満載なんですけど、先輩も同僚も、正直……「この人頭悪いなぁ」っていう人ばかりな気がして。頑張ってもこの程度か、と思うと、もっと才能を開花させられる会社に移りたいと思いました。入社から五年目のときですね。今、「優秀」な人は労働市場のどこにいるんだろう？　と考えたとき、外資コンサルなんかも考えましたが、思い切って気鋭のスタートアップに決めました。私、三〇歳までに絶対に子どもを産みたいんで、それまでの間、爆速で市場価値を高くできたらなと思って。

テシ　なるほど、人生戦略があるんですね。

エ　そうですね、失敗したくないですからね、ここまできたら。

テシ　「失敗」かぁ。今現在はどうですか？　まだ無敗記録更新中？　何が「失敗」なのかって議論も大いにありますが。

エ　いろいろとやらかしましたよ。でもこの会社に入ってから、まずは「失敗」に気づけるようになった。これが大きいですねぇ。以降、これまで思い描いていた「働くということ」の考え方が一八〇度変わったように思います。

テシ　興味湧きますねぇ。エリコさんの「失敗」って何でしょう？　ぜひお聞かせください。

エ　テッシーさんて私が転職した直後から、コンサルとして入ってたじゃないですか？　見てて思いませんでした？　こいつイタいなぁって。

テシ　イタいなぁは思わないですけど、プライド高いなぁ……は思ったかな。でもエリコさんの経歴で言うと、そうなるのも無理もないかなという気も。

エ　プライドが高くて、他者からのフィードバックを寄せつけていない時点で、イタいですよね。

テシ　おぉ、深い。そうとも言えますね、確かに。

競争のブーメラン

エ　自分自身が社内の上司や同僚のことを「お手並み拝見」モードで見てましたからね。そりゃあ周りもすぐ気づきます。すると何が起きるかと言うと、私が見ているのと同じように、相手も私のことを「倒すべきライバル」としか見ないんですよね。何か、ミスると、周りがガッツポーズしているような気がして、居心地が悪かった。まったくもって同じことを自分もしていたわけですが。

その後、社長と何度も何度も1 on 1をし、周りの仕事ぶりも徹底観察しました。テッシーさんとも月一くらいで話しましたよね。私、結構悩んでいたから、家に帰ってからも、ノートに思っていることを書き出したりもしていました。真面目でしょう?　すると、だんだん分かってきたんです。自分の担えることを自身で考え、それを実行までとにかく周りに泣きつきながらでも、しっかりやる。これは自分や相手の能力の話ではないのだと。頭がいいとか悪いとかそういうことじゃなくて、自分の立ち位置、頭の中、懸念を含む心のモヤモヤ……ありとあらゆる目には見えない「私」について、言語化して相手に知ってもらう。その上で、テッシーさんの言う「持ち味」をいかに持ち寄るか？　落球しないよう、助け合いの網の目をどうこしらえるか？　――これが仕事をするってことなんだと初めて見えてきた感がありました。一人ではできない仕事をしているのだから、協力し合わなきゃいけないのに、これまではそれが難しかった。「あの人に手出しされたくないな、大して賢い人じゃないし」とか、「私一人でやったほうがきっともっとうまくできる」とかってガチで思ってましたから。

でも当時の私が居心地悪く、周りとギスギスしながらやっていたことを振り返ると、自己を確立して、周りと距離をとろう、なんてのはとんだ「失敗」なのだと。個を立てるのではなくて、もっと周りの中に溶けて、境目がなくなるような感じ。自分の腹の中の言語化と、同様に他者の腹の中にもよく耳を澄ませ、ときに突っつき合いながら聞き出し、目を配り……っていうことが、強いて言うなら「仕事力」なんだなって。そういうモードに気づけたのが、曲がりなりにも私のブレイクスルーかと。

テシ　競争ではなく共創、協働を学んだと。今の会社は前職とはそこまで違いますか？

組織体制が後押しする「選択」

エ　まるで違いますよ。最初の会社のときなんかは、変な話、みんなライバルだから、いくらニコニコと協調的にしているようでも、仕事の評価となると、足の引っ張り合いみたいなことが多々ありました。それはそうですよね、「競争」させられる環境下では、足並みなんかそろえていられない。個人単位で生産性を管理されていたら、自分の仕事が終わったら帰らねば「ダメ社員」ですよね？
でも、この会社は違う。無理やり感のそもそもあるような数字的な指標は一切用いない。自分たちの存在意義に対して、担当者本人がやれるだけのことを最大限やっているか？　それだけ。「競争」して上に行く必要もない。

テシ　えっ！

エ　なんてったって上がない。組織に階層構造がないんですから。

テシ　あっ、そうか。

エ　フラット組織の意義はここにあります。ってこれほんとはテッシーさんが言うことでは……。

テシ　へへ、助かります。

エ　「競争」が必要な構造があったから、人は足を引っ張り合ってしまう。他方でここには、そんなことをするインセンティブすらないわけです。やるべきことは、周りを蹴落として上に行くことではなくて、「自分はこういう思いで、こういうタスクを抱えている。ここまではやれているけど、あとこの部分についてインプットが欲しい」とかって、プロアクティブ（前のめり）に求め合うこと。個人の「有能さ」を追い求めると、周りに「助けてー」とか、「知恵を貸してー」と言うのって気が引けますが、この組織体制のもとでは全然苦しいことじゃない。ひとたび自分の中の仕事観が変わって、選ぶべきは自己のモードなんだな、って腹落ちして初めて、仕事が楽しくなりました。

テシ　道徳的な言い回しで、「職場では協力し合おう」みたいな話に仕立てなくても、個人の競争を意図しない組織体制を敷くことで、自ずと、「協力するほうが双方ラクだよね」みたいな考えに持っていけるわけですね。組織体制が人の思考や選択を規定している可能性を見抜くとは、ほんと「優秀」だなぁエリコさんて。周りに助けを求めたり、周りを助けていると、自分の能力が奪われるかのように感じている人、結構いますもんね。もしかしたらこれまでのエリコさんはそういう思いがあったかもしれないけど、「減るもんじゃない」はおろか、自己の「有能感」の歪《ゆが》みに気づき、他者とつながっていくことを「選ぶ」ことで、より「働くということ」の可能性を拓いた。いやぁあっぱれです。

エ　褒め殺しですねぇ。でも仕事が楽しい、ってかなり恵まれたことですもんね。現に、「この環境が苦しい」と言って辞めていく人だっています。自分のモードを客観視して、適切に自己を選んでいく、ということが難しい人、「相手を『選ぶ』ことこそが、自分の『優秀』さの証左だわ！」と信じ切っている人はやっぱりいます。その発想だと、この会社は地獄のように感じるでしょうね。あくまでこの会社は、って話ですけど。

テシ　なるほど。まぁいわば、そのことにも良し悪しはないってことですね。脱・「能力主義」を謳えば即、楽になるってことでもない。非官僚的組織を目指すとは、高度に自己の内面を俯瞰し言語化して、他者と協働していくことでもある。そういう組織と相性が悪い人も当然いる、と。

エ　ですね。だから、「最近はティール組織（管理ではなく社員の自律性に委ねられた柔軟な組織形態）だよね！」とか、逆に「能力主義ってダメだよね！」ではなく、双方の特徴を知って、その側面が活かされ得る事業の運営に「選んで」用いること。またその事業で自身の持ち味を発揮しやすいかどうかは、個人の特性と照合して考える必要がある、そういうことかな、と今は思ってます。会社という組織も、個人が自身のモードを選ぶのと同じように、人を「選ぶ」のではなくて、自分たちのありたい姿や、それを実現するのに適切な体制や方法を「選ぶ」こと。これに尽きるんじゃないかなぁ。

＊

まぁほんとに賢い人です。組織開発研究者のようなまとめをしてくれました。事業の内容やフェーズに合わせて、組織運営体制とメンバーの持ち味とが嚙み合うよう、調整し続ける。これも立派な「働くということ」の重要な側面というわけです。

さて、もう一つだけ、連綿と行われてきたことに対して、今一度自己と他者とを俯瞰し、「こっちのモードもありだよね？　それでやってみよう！」と一歩踏み出す観点をご紹介します。

③　無理に決めない、数字にこだわりすぎない取り組み

○ノーレーティング、リアルタイム評価

昨今の人事的な潮流の一つに、ノーレーティングやリアルタイム評価があります。エリコさんが所属する会社もそうです。一寸先は闇、とは言わないまでも、三か月先の状況も読めないのが、VUCA《ブーカ》の時代です[*4]。伝統的な目標管理制度のように、半期や年度で目標を設定し、その到達度合いを半年後や一年後に振り返ってフィードバックする……なんて悠長なことは多くの企業のビジネスサイクルに合っているとは言えなくなりました。そこで、臨機応変に超高速で仮説設定と検証が繰り返せるよう、細かな「でき・ふでき」をわざわざ評価として出さないノーレーティングや、週次で1 on 1などを適宜行い、タイムリーに評価・フィードバックを行うリアルタイム評価が注目されています。*5「目標管理って意味ないくせにめちゃくちゃめんどくさいんだけど……」と恐らく大半の人が思っていたであろうことを、あえて俯瞰して問い直し、違う選択肢をとったという事例の一つと言えます。

人が人を「正しく」評価して「選んでやろう」と不毛な緊張感を醸し続けるくらいなら、現実的で大いにアリな選択肢だと個人的には思います。ただ、その過程においては何かとはっきりしないことへの耐性が、ある程度必要ですが。

○中期経営計画の廃止

無理やり数値に落とし込まないということで言えば、過日話題になった味の素株式会社の中期経営計画の廃止もあります。社長自らが次のことを謳い、発信しました。

中期経営計画はやめます。日本企業には「中期計画(中計)病」が多いといわれていますね。いまは先行きが不透明で将来の予測が非常にしにくい事業環境です。そんなときに3年程度先の計画の精緻な数値をつくり込みすぎることで、現場が疲弊してしまったり、計画そのものの意味が薄れたりすることを「中期計画（中計）病」と呼んでいます。[*6]

行き当たりばったりになるわけではもちろんありません。「中期ASV（味の素グループシェアードバリュー）経営」は強化するとのこと。つまり、「ありたい姿」の言語化、その具現化にはいっそう注力しよう、というものです。ただ、数字にとらわれすぎないように、山の登り方には柔軟性・自由度を残しているということです。こっちのモードも、確かにありますよね。

他方で、「ホワイトすぎて離職」や「ゆるい職場」というタームもしばしば聞かれます。[*7]先のエリコさんも、自身のモードに気づく前はまさに「成長実感が乏しいわ」と周囲を見切ろうとする寸前でした。こうした職場の現況に対しては識者から、「（若者の）『何者かになりたい』を認め、副業を認めるべき」などの指摘がありますが（古屋星斗《しょうと》、二〇二二年)、私はそれも一案であると考える一方で、本論のような、モードに気づかせる働きかけや、対話にも大いに可能性がありますし、組織体制や評価制度の見直しも有効と考えます。

○通知表をやめた

ここまで企業の話をしましたが、ちなみに学校教育でも似た流れがすでに起きています。『通知表をやめた。』(小田智博他編著)というユニークな実践報告と振り返りの一冊があります。タイトルのとおり、議論や移行期間を十分にとりながら、慎重かつ大胆に、とある公立小学校が三段階で評価する通知表を廃止した、というルポルタージュです。あまりに感動して、著者のお一人である共同通信社の小田智博さんにインタビューさせていただいたくらいです。

ただでさえ業務過多の先生方が、頑張って頑張って、個人のできや行動を数値化する。にもかかわらず、そぎ落とされる大事な子どもたちの側面がある。それならば、無理やり数字で「評価」するのはやめよう、と改革した姿は「こっちのモードもあるよね?」と選択した事例そのものです。

特に印象的だったのは、通知表のみならず、到達度テストの点数も書かなくしたそうなのですが、そのほうが子どもたちは、「どこを間違えたのか?」よく点検するようになったと言います。数字で点数をつけてしまうと、テスト返却時に、点数だけ見て、すぐに裏返しにしていた子どもたち。それがまるで変わったというわけです。あって当たり前のものを、シンプルに疑ってみること。そして、相手をもっと「教育してやろう」ではなく、教育者の側がモードを選び、体制・仕組みも伴って変革する。

序章で述べたとおり、「働くということ」を、賃金労働に矮小化して捉えた場合、職業を采配する最たる影響力を持つのは、学校教育です。ですが、その現状をこう表現する識者もいるほどです。NHKの「白熱教室」で一世を風靡《ふうび》したハーバード大学のマイケル・サンデル教授です。

教育制度が重要となりますが、残念なことに現実の教育では、能力主義の競争が唯一の目的となっています。教育が出世と競争のための道具になっているのです。市場の論理に応じて形作られた選別装置と化しています。*8

残念なことですが、首肯せざるを得ません。教育が人を変えてやろう、育ててやろう、できる子・できない子を選んでやろう、とする。つまり、能力という曖昧なものさしで子どもたちを「分ける」ことで「分かった」気になり、「分け合い」(将来の進路などを暗に水路づけること)まで決めよう、となりやすい。ですがこれには少なからず躊躇《ためら》いを持っていたいものです。「躊躇い」とは、初作で執筆伴走(解説)いただいた文化人類学者・磯野真穂先生の『他者と生きる』における、「慎み深さ」ということばに通じると考えます。磯野先生は、他者への介入に際して何人《なんぴと》も、「唯一の生への畏怖を宿した慎み深さが求められるはずである」と結びました。まったくもって、そのとおりだと思わずにいられません。さもなくば、「働くということ」も、権力勾配や、情報の非対称性に下支えされた、濁った世界に容易になるでしょう。

またもう一点、最も重要なことの一つに、この仕組みとて暫定的なものであり、今後いかようにも変化する可能性を存分に残している点があることは、言うまでもありません。

決めつけないことです。すべては状況との組み合わせですから。

三 「正しさ」から下りる――第三章まとめ

繰り返しになりますが、「一元的な正しさ」「正攻法」を限定してしまうことが、「働くということ」を苦しませる最たる要因です。思い返せば、一般的に熱烈に信奉される「能力主義」の光と影を、なぜここまで追ってきたのでしょうか。それは、脱・「能力主義」だけを唯一解としたかったからではありません。何かをやみくもに否定して、二項対立的に事を選ぶのは、「一元的な正しさ」にとらわれた姿であり、「能力主義」礼賛一辺倒と同じ轍《てつ》を踏んでいます。

そうではなく、本書で見えてきたのは、「働くということ」の希望はまさに、ゆく川の流れのごとく、一つの姿にとらわれない自己と組織が織りなすものであるということではないでしょうか。「絶対にこっちが正しい」「あっちが間違ってる」のような思いが微塵でも頭をかすめたら、それは危うきサインです。大の大人が社会や組織で往々にして争う内容はそう変わりません。誰が／どっちが／何が「正しい」のか、の議論が皆大好きですが、そこから抜ける、下りることが何よりも大切なことです。

また、こんなことにもお気づきになったかもしれません。この話はとにかく、広い視野が必要だな、と。ただこれも、「広い視野」という能力が個人にあるわけではありません。それぞれの人が持つ興味、守備範囲を持ち寄って、総じて幅広な見方を確保すること。これが脱・「能力主義」的「働くということ」のポイントです。皆さんの周りのダイバーシティ推進は、個人の「許容度」のようなものに頼ったつくりになってはいないでしょうか。それぞれ異なる見方を持つ他者と組み合わせることで、組織全体の視野狭窄に待ったをかける。それが多様性であり、包摂であり、エンパワメントの本来的な意味だと私は思います。

というわけで、「他者と働く」という、多くの人にとって避けられない生きることの本質を苦しみに変えないための、いくつかの方策を紹介してきました。ご自身から始められそうなことが見えてきましたでしょうか。私はこの章で述べたことを、現代のおとぎ話にはしたくありません。これを一人でも多くの人が体感できるようにするには、社会の常識とされるものが変わっていくことが不可欠です。その点について、終章で述べて、実現の後押しになればと思います。

コラム③　能力主義が必要な場面

しばしばご質問を受けるので、ここに記しておきましょう。「能力主義がないと困ることもありますよね？」というものです。それは、確かにあります。仮構的であれ、能力という概念を用いたほうが、到達目標が示しやすく、また切磋琢磨しやすい場面を想像してみましょう。

例えば、看護師が上手に注射をする、ということを考えたとき、「下手でもいいんですよ。もう私たちは在る（有る）んですから」とは、そりゃあ仏の（！）勅使川原でも申し上げられません。事実、闘病にあたって採血・点滴を繰り返してきて、もう血管が硬くなってしまったので、よく注射を「失敗」されてしまいます。痛いし、見なくていい流血を見たり、「ちょっと、うまい人やってよ……」と内心思ってしまうものです。

他方で私がお伝えしてきていることは、そうだからと言って、その注射が上手でない看護師さんは、ただちに「仕事できねえな！」と吐き捨てられるに値するとは思わない、ということです。注射を打つ仕事が不可欠なら、練習は欠かせません。頑張ってほしい。ですが、彼女／彼は、よく気がつく人かもしれません。患者に共感することが自然と深くできる人かもしれません。ならば、外来の化学療法室付の看護師や小児科看護師として、患者とお話しする、不安を和らげることに徹する立ち位置があってもよいでしょう。人と話すことは苦手だけど、とにかく黙々と注射を打つことに長けているのなら、採血室（検査室）付もありがたい職場。そういう話です。

また、電気・ガス、鉄道などインフラ系事業会社や医療系メーカーなどを考えても似たようなことが言えそうです。「誰でもいいんですよ！」というのは違う。石橋を叩いて渡るくらいの、慎重さ（内向性）が要件かもしれません。「うーん、たぶんオッケー」という思い切りのよい特性では、人の生き死にに関わることは任せ切れない面はあるのです。

もう一つ、医師や弁護士の適性も一定のレベルでは存在します。論理性は不可欠でしょう。ただ、そうした適性や専門知識というのは、入り口に過ぎません。持ち味＝志向性という意味では、垂直方向の序列ではなく、水平方向に多様性として広がっているはずです。同じ資格を持った医師でも、その志向性は各々で異なり、結果、まったく異なる持ち味の医師が存在するわけですから。『白い巨塔』の財前五郎と、Dr.コトーこと五島健助とは、まさに対照的な持ち味の例です。

大事なのは、個人単体で見て、どっちがいい／悪い、という議論にはまってしまわないことです。思考すべきは、今いるメンバーの志向性とやっている事業、それを推進する組織体制とが、嚙み合っているか／いないか、という点です。

ちなみに、慎重さが求められる事業もある、という話をしましたが、主幹事業はそうであっても、昨今では主幹事業だけで未来永劫飯が食えるとは限りません。メインとは別に、イノベーティブな発想で新規事業創出が必要な場合も、多くの組織で並行しています。その場合、主幹事業と切り離して、脱・「能力主義」的な、「関係性」の揺らぎを大いに活かした取り組みをやってみる価値があるのではないでしょうか。

終章　「選ばれし者」の幕切れへ——労働、教育、社会

前章までで、「他者と働くということ」のカギが、他者を「選ぶ」ことにあるのではなく、自己のモードを「選ぶ」点にあると述べてきました。そして、その具体的な実践方法やコツをさらってまいりました。

ここからは最後に、本論の広がりを願うからこそ逆に、行く手を阻みがちな一般論・言説のしぶとさについて、もう一押し解きほぐします。社会や労働、教育にまつわる常識や潮流を形づくっているであろう昨今のキーワードの数々。これらを問い直すことで、社会の「当たり前」「常識」に対して、本来向けるべき批判的な見方に触れていただき、「働くということ」をとりまく現状を自ら打破していく覚悟を、いっそう確かなものにしていただけたら、本望です。気の遠くなるような話をするつもりはありません。変革の萌芽はそ

こかしこにすでに在るはずです。

一　リスキリングブーム

リスキリング。盛んに耳にしますね。「生き残り」をかけて、[*1]なんていう強いことばとともに、日本社会の労働における、喫緊の課題のように叫ばれています。私も「リスキリングブームについてお話ししてください」と、意見を求められることがあります。いくつかインタビュー記事として世に出ています。

まず押さえたいのは、日本流「リスキリング」は個人の「学び直し」や「スキルアップ」とほぼ同義になっていますが、英語本来の意味は、組織が新たな事業戦略に必要なスキルを習得する機会を従業員の就業時間中に提供することをいう、という点です。つまり、本来は企業が「生き残り」をかけて成長産業への労働移動を起こすための手段であったはずが、日本では、個人のサバイバルスキルになってしまいました。そんな実態を踏まえた上で、日本流リスキリングについて言えば、「自分のモードに気づき、選ぶ」ことが、いわば最高に身近な「リスキリング」であると私は考えています。逆に言えば、新しい技能を身につけておけば、「働くということ」がただちに楽になるとは、断固思えません。

既知の物事から「新しい一面を見る」ことに挑戦できているか？

そもそも、リスキリングだのなんだのと言って、政府が支援するのは結構なことなのですが、私には二つ、危惧していることがあります。

一つは、政府、つまり岸田内閣肝いりの「新しい資本主義」において、「リスキリングによる能力向上支援」を「分配戦略」だと説明している点です。すでに各々が地道に頑張ってきたことを認め、「分配」するのではなく、「みんながもっと『できるようになる』ことが増えないと、『成長の果実』なんて夢のまた夢ですよ」——そんな啓蒙を国を挙げて行うのはいかがなものでしょうか。これを「分配戦略」と語るのは、あまりに脆弱《ぜいじゃく》ではないでしょうか。

またもう一つは、支援する矛先が、典型的な「新しい技能」に偏っている点です。勘違いしてはいけないのは、リスキリングのために「新しい技能」が必須なのではありません。

逆も然りで、「新しい技能」を身につけることがただちに、リスキリングしたぜ！　ということではありません。今ある感覚、知識を俯瞰して、既知の物事から「新しい一面を見る」という挑戦を自ら「選ぶ」こと。これこそが、今まさに求められる日本流リスキリングの在り方のはずです。

よって、人生一〇〇年時代と言われる中、人々がいきいきと生きていくために必要な支援の本質は、自身の視座を客観視し、モードを「選ぶ」という、自己との向き合い方の訓練です。リスキリング、とキャッチーに称揚し、とってつけた「新技能」が「よりよい社会」に向けた学び直しになることを祈りますが……厳しいと思います。初作の後半でも述べましたが、新しい視座を身につける前に、「あぁなるほど、そういうふうに仕事を進めたかったんだね」と思ってもらえるような、温かな視線で見守られる経験は不可欠です。一旦自分を受け入れてもらう、という経験です。他者に受け入れてもらった人にしか、他者を受け入れ、新たな視座に立つことなんて、できません。

そう考えると、現行のリスキリングブームは、一昔前のリカレント教育（生涯教育）ブームの再来にも似た扱いになっていますが、大の大人がどうこうする話に限らないと考えるべきでしょう。大人になって初めて、「生きるモードが複数あったのだ」と知ることは、唐突です。既知の物事から「新しい一面を見る」には、良し悪しを拙速に決めつけることなく、「あなたがいてよかった」「面白いね！」「なるほど、そういう考えもあるよね」と主観を受け止めてもらえる経験が「幼いうちから」必要です。そうしたことこそが社会の土台になると言えましょう。プログラミングだのなんだのと講座受講を後押しするのもいいですが、本当はこの土台こそを耕し、深く根を張らせていきたいものです。

このことについて、人生の早いうちに誰もが受ける、教育という社会システムが為せることはないのか？　もう少し考えてみることにします。

二　教育の土台

教え込む前に、引き出しているか？　口を塞いでいないか？

学校教育と言えば、「生きる力」だ、「非認知能力」だと学習指導要領に入れて、教え込もうと一生懸命なように見受けられますが、ちょっと待って、と言いたい気持ちです。どの子もその子の合理性のもと、ある種の生存戦略を持って、生活しているわけですから、そうした本人からのアウトプットを何はともあれ一旦引き出すことこそ、いの一番で行うべきことではないでしょうか。相手の口を塞がないこと――これが、意外に思う方もいるでしょうが、社会構成員を養成すると謳う者（＝教育）が担うべき基本所作であると思うのです。企業で言えば、「心理的安全性」[*2]と呼ばれるものでしょうし、学校教育では昨今「安全基地」[*3]ということばで表現されていることに近いと思います。まずここにいていいんだな、と思わないで、何を学べましょうか。挑戦できましょうか。

あるエピソードがあります。寒い地方に暮らす小学校低学年のある子が、家族団らんで食事をするときに決まって、こたつから左手を出さずに、右手だけで食事をしていたそうです。母親はしつけに厳しく、「左手を出しなさい！　何度言ったら分かるの！」と連呼していたそうなのですが、一向に変わらず。ですがあるとき、他の家族が「家の中、寒くない？」と言い出し、室温を上げたら……なんと叱らずとも、その子は左手も出して、ご飯を食べているではないですか、というお話です。

「行儀が悪い子」「言うことを聞かない子」など、個人に評価を下すのは容易ですが、その人の在り方は、環境に大きく左右されています。環境に対するある種の合理性が必ずあると言い換えることもできる。「コラ！」の前に、「左手さぁ、どうかした？」と一言尋ねることができたらどんなにいいことか。それも鬼の形相で、ではなく。「働くということ」の大大大大大前提について、そんなことも思います。

同じような逸話が、組織開発現場でも語り草になっています。子どもの話だけではないわけです。まず相手の状態をありのまま受け止めることが、相手を評価し、教育してやろうなんて意気込む以前に不可欠であることの証左として、次の事例をご紹介しましょう。

話を聞かない部長の意外な理由

とある組織開発の同業仲間が教えてくれた話です。彼のクライアント先に、とにかく「人の話を聞かない」ことで悪名高き部長がいたと言います。「ちょっと○○の件でご相談のお時間よろしいでしょうか？」と部下が相談に来るのですが、ミーティングルームで座って三分もすると、「ってことで、一旦いいかな？　あとはよろしく」と帰してしまう。

皆さんの周りにも一人くらいいらっしゃいますよね？　明らかにこの時間が無駄だと思っていそうな上司……。この人もそんな感じで、いわゆる「マネジメント力」が低い、ダメ部長のレッテルが貼られていたそうです。

ただ、私の友人であるその組織開発者は、その事態を眺める視点に特筆すべきものがありました。それもそのはず、彼の父親は、カイロプラクター（脊椎などにアプローチする手技療法。代替医療の一つを行う専門家）だったのです。門前の小僧というべきか、彼は問題とされる職場を観察しながら、はたと気づきました。もしかしてこれは……マネジメント力云々ではなく、単に「座っているのがしんどい」って可能性もあるのでは？　と。そして思い切って部長本人に、腰痛がないか、話題を振ると、泣いて喜んだと言います。「ただでさえマネジメントできていないと言われ続けているのに、『腰が痛くて』なんて言い出せなかった。自席はさまざまなクッションなど工夫を凝らしているが、会議室の普通の椅子では三分でも座っているのがつらい！」と、堰《せき》を切ったように話し出したそうです。

その後、カイロプラクティックに通うようになり（！）、魔法がかかったように、話を最後まで聞く部長になったそうです。これをマネジメント力が上がった、と言ってはいけませんよね。人はその状態によって、文字通り「姿勢」が生み出されています。また、どんな状態にも、その人なりの「合理性」があるのだということも、やはりこの事例からも見て取れます。

「他者と働く」以前に「他者と動く」ことを体得するのが家庭や学校教育です。口を塞ぐことを教育だと思っていないか？　相手なりの合理性を吐き出させてあげられているか？　こんなことこそ、教育活動の基盤に据えていただけたらと願うばかりです。くれぐれも頑張る標的を「能力獲得」に絞るなどの間違いを犯さないことを祈ります。

そんな余裕はない

このように、殺伐とした労働環境を思うと、「働くということ」は、やっぱり簡単なことではないように思えます。個人が身につけるべき能力はあまたに存在し、追い立てられる私たち。「実はちょっと……○○するのがしんどいです」と言うことはおろか、「もしかして、○○するのつらかったりする？　無理してるように見えるときがあって」などと、個人の事情（合理性）を探るような対話自体、弱音・戯言《ざれごと》・甘えの類として、忙しい職場などでは一蹴されてしまいがち。それくらい、こうした告白にはその価値が認められていません。「弱い個人」は要らない、そんな突き放しにも感じてしまいます。

しかしこれまで見てきたとおり、「働くということ」に欠かせないのは、「一元的な正しさ」を強制力をもって教え込むことでも、それを体現する「高い能力」「強い個人」でもありません。むしろ、どんなため息にも耳を傾けるような余裕、懐のようなものが、望まれています。相手の口を塞ぐようなことが蔓延っていたら、それは「働くということ」がうまくいっていない証《あかし》です。相手が安心して真意を吐き出すことができる空間をつくった上で、それによって意見を交換すること。その際に、変えるべきは相手（他者）ではなく、まず自分のモードを問うてみる。真面目で一生懸命な私たちが引き続き頑張るとしたら、この点です。誰かのものさしに合わせて、人を「選ぶ」ことでは決してありません。

余裕、なんて言うと、またこんな声も聞こえてきそうです。「んなもんあったら苦労してないわい！」「忙しくてそれどころじゃないわい！」と。でも、それも本当でしょうか。これまでの話を総動員して、最後に解きほぐしたく思います。結論は言うまでもなく、「余裕のなさ」もつくられた状況に過ぎない、ということです。そのカラクリに気づいて、捨てるべきは捨てていかねばなりません。何に、そう思わされてきているのでしょうか？

それはどう考えることで、捨象できそうでしょうか？

「そんな余裕はない」とよく聞きますが、逆に問題提起してみたいと思います。余裕はないのだとして、「何はあるんでしょうか？」と。こう問われた人は半ギレできっとこう答えるでしょう——「他にやらなきゃいけないこと、仕事が山積みなんだよ!!」と。

でもちょっと待ってください。「仕事」とラベルが貼られた何かと、そうではない「仕事外の余暇、遊び、余白」というラベルの貼られたものがこの世にはあるかのような言いぶりですが、それは事実でしょうか。「他者と働く」にあたり、他者の真意に耳を傾け合うことは、「仕事ではない」と誰が言えるでしょうか。つべこべ言わずにやれ、とは権力者の言い分です。黙々と働く労働者を良しとしてきた時代は過去にはあったでしょうが、今もその価値観で、複雑化した社会を乗り切れそうでしょうか。

三　余裕を奪う言説

効率性・効果的・エビデンス・科学的・客観性・分析的・タイパ……

いやいやだって、利益を生むことが「仕事」なのですよ、という意見もありましょう。さらには「効率的に」行ってこそ「仕事」。「仕事」は計画の上に成り立っているのだから、他者の心の内などという機微を聞き出すことは、「非効率」。「仕事」とは言えない、なんて意見を実《まこと》しやかに主張する人もいるかもしれません。

自己と向き合ったり、他者の心の内を感じたり、問いかけたりすることは、どれも確かに「仕事」にまい進することが好ましいとする価値観の真逆を行くものです。エビデンスをもって科学的に客観性を担保した形で分析し、予測し、タイパを上げることの価値評価は右肩上がりなのに。

ただ、次のようなことも考えてみたいのです。

単純化がそぎ落とす事実

『客観性の落とし穴』（村上靖彦）という本がベストセラーになったことは記憶に新しいです。「それってエビデンスあるんですか？」「科学的／客観的に分析してから言ってください」などとよく言います（私は、言われることも）。しかしそれらは案外、「トリッキー」な発言です。

そもそも「分析」とは何でしょうか。辞書的に言えば、「複雑な事柄を一つ一つの要素や成分に分け、その構成などを明らかにすること」となります。さまざまな要素、いわば事情が絡み合う現象について、「分ける」「分類」「分別」という単純化を経て、紐解く。一見すると合理的な感じを抱かせるのですが、少し立ち止まったほうがよさそうです。分析するためには、そぎ落とされてしまう事実が必ずあるからです。

人事業界でも、エビデンス・科学的・客観的であることを謳った分析を売るシステムや、サービスが溢《あふ》れていることは序章でも述べました。ただ、「社員のパフォーマンスを予測分析」などと簡単に言いますが、すみませんが「パフォーマンス（成果）」って一体何でしょうか。何をもって個人の「成果」とするのでしょうか。つまり、被説明変数（分析の対象）側のことばがまずもってマジックワードなのです。

ちなみにこの潮流は教育界にも蔓延っていて、私は注視しています。例えばですが、埼玉県のある公立中学で、生徒の手首につけた装置により、脈拍や血流データなどを計測し、そこから「集中度」を「見える化」する実証実験が行われているというニュースが耳目を集めました。*4

誰がためのデータか

いろいろと思うことがありますが、まずもって子どもたちが集中しているか否かなんていうのは、子どもの生体データ（ヘルスケア情報、と呼ばれるという）をとらないと分からないことでしょうか。どの先生の教室運営は、子どもを笑顔にして、どの先生のクラスは子どもたちが萎縮している、荒れている――データなんかなくても見りゃ分かると思うのですが――その「データ」を「分析」して、「科学的な客観性を担保」する必要があるのは、本当は誰なのか、一考に値すると思います。こんな取り組みの是非を議論するならば、ぜひ次の問いから始めてほしいくらいです。「これは子どもたち側が求めていることか？」

と。

企業のストレスチェックでも思うのですが、個人が回答したデータはその回答者に帰属するはずです。回答者本人に還元されて然るべきなのです。「見える化」「EB（エビデンスベースド）」と叫ばれますが、データが本人に有益な形で返されているでしょうか。エビデンスがあると誰が喜ぶのですか？　などと、ぜひ問うことを諦めないでいただきたいものです。

この中学校の事例で言えば、子どもたちがデータを求めている、と考えるのはかなり苦しいですよね。むしろ裏話的に、先生の側が授業改善を奨励しようにも、「エビデンスはあるのか？」「データで示してくれ」と言って耳を貸さない重鎮がいる匂いすらプンプンします。

過去から予測することがすべてなのか？

「分析」の話に戻りますが、広辞苑でも「分析」を引いてみましょう。すると次の定義も出てきます——「証明すべき命題から、それを成立させる条件へつぎつぎに遡ってゆく証明の仕方」と。

「遡ってゆく証明」ということばに大いに惹かれます。時の流れに逆らうという、本来絶対できないことができるのですから。現に人材開発や教育社会学が得意とする「誰が『成功』するのか？」という命題を解題することは、その分析手法の多くが、重回帰分析[*5]によります。つまり、「成功」のリバースエンジニアリング（知りたい対象を分解し、得た情報から再設計・再現しようとすること）に基づくのです。

過去の「成功」を紐解いて未来は見えるのか？

例えば、人材開発の領域で、「優れた」営業社員はどのように採用・育成することが「正攻法」とされているでしょうか。私の古巣も、米国で有名な自動車メーカーの営業部員の「パフォーマンス」を「分析」することで、高業績者に共通する行動特性を指す「コンピテンシー」というものを発見していました。共通する要素を抽出するとはまさに先に申し上げたとおり、売り上げを被説明変数にし、それに影響するであろうさまざまな要素（年齢、職歴、学歴、思考パターンなどさまざまな属性や志向性など）を説明変数として重回帰分析することを意味します。これが分かれば、「成功」パターンに近い人を最初から選んだほうが、効率がよいことになります。

しかしお気づきのとおり、これでは第三章でご紹介したような、「あーそっちのモードもあったか」と、周囲を排除ではなく包摂し、「働くということ」を豊かにする営みにはなり得ません。自身のモードを適切に感じて選ぶことができれば、選択肢や未来の形は格段に増えたはずなのに、他人を思いっきり「選ぶ」発想は、可能性を限定する（狭める）ことが得意です。そのほうが人は迷わないで済むと思って好んだりもするのですが……。まだ見ぬ世界をともに見ることには到底ならないわけです。

置き去りにされる問い

ちなみに、マーケティングという仕事にも、似たような論点を見出すことができます。売れないことは悪、売れることがよいことです。売れているものの「分析」によって、「売れそうなもの」や「買いそうな人」への理解というのは確かに深まるのかもしれませんが、「それが売れている社会は健全なのだろうか？」「皆が手にしたほうがいいものが他にないか？」などと問われることはありません。つまりこれまではそれでよかったかもしれないけど、これからどうしていこうか？　という問いには思いのほか、丸腰なのです。過去の「成功」をリバースエンジニアリングして出てくるのは、昔取った杵柄、思い出話とも言えるのですから。

おしりを決めてこそのタイパ、でいいのか？

私たちから余裕を奪うかの言説、重用されている価値観というのは、まだまだあります。例えば、昨今の「タイパ」ブームもここまでの話と遠からずのところにあるでしょう。『映画を早送りで観る人たち』（稲田豊史）も話題をさらいました。

ただ、私は思います。時間を圧縮できた！　と感じるのは、物事の始点と終点を決めたときのみだと。つまりゴールをあらかじめ決めることでしか、達成し得ないのが、効率性という考え方なのです。ちょっと皮肉に思えないでしょうか。まだ見ぬ世界をチームのみんなで見ることが仕事だと、レゴブロックまで持ち出して述べてきたのに、未来を決めつけてしまうなんて。

ゴールを決めることは、確かに効率的ですが、それでは「知ってる世界」です。そこに「発展」はあるのでしょうか。そこに「イノベーション」は待ち受けているのでしょうか。ゴールだと思っていることが必ずしもゴールではなく、プロセスの一部であったり、逆もまた真なりで、プロセスだと思っていたことが目的そのものだったりするのが、仕事、人生だと、私は思います。タイパ、タイパと言って、みすみす余裕を奪われている場合ではないのです。

四　頑迷な「正しさ」

名著とておぼろげな「正しさ」

効率性に関連しては、この小話もしておきましょう。『マネジメント』で著名なピーター・ドラッカーは、『経営者の条件』の中で、こう言いました。「効率」を「物事を正しく行うこと」とし、「効果」とは「正しい事を行うこと」と、両者を区別して語っています。

これを若き日に初めて聞いた際は、えらく感動したのですが、最近になって、改めて読むと、うーんと唸《うな》りながら、眉毛が八時二〇分になってきます。

というのは、「正しい」ってさも当たり前に言いますが、一体何が「正しい」のでしょうか。例えば先の話で言えば、利益を生むことが「仕事」というのも、資本主義経済では大いに「正しい」。ただ、よくよく思考を巡らすと、一口に利益と言っても、時間軸や規模など、考えるべき要素は無数にあります。今の利益なのか、中長期的（それもどの程度の時間軸を中長期と言うのか）なのか、それによって経済活動の中身は異なるはずです。そのどれを指して「正しい」と言うのか？　などなど考えるほどに実はよく分かりません。効率、生産性、とけたたましく言われていますが、それ以前に、私たちが切磋琢磨することで向かっている先は、向かうに値するものになっているでしょうか。

仕事論とケア・ジェンダー論

また、本書の提唱する「働くということ」は、実はケアの倫理やジェンダー論が関わってきます。筆者は専門としないため深入りは避けますが、「正しさ」を疑ってみる思考、つまりは本書の通奏低音である「自己を俯瞰し、相手の合理性に耳を傾け、目を配り、自分ができる『変革』の小さな一歩を踏み出す」ことこそが「働くということ」であるということを実践すると、自ずと、「仕事」「成功」は一人のものなのか？「周縁」とされる存在はつくられた存在ではないのか？との問いが湧きます。

「働くということ」は、経済的価値を生み出すことである、と誰が定義し、声高に世間に流布したのでしょうか。それは摂理から言って、非常に不自然なことなのに。自分一人では仕事はおろか、生きることさえままならないのです。そんな虚構的なことを、さも正論であるかのように少なくない人々が放言していることには、違和感を持ちたいものです。

と、まぁ……一国の首長が、「ぜひ女性ならではの感性や共感力を十分発揮していただきながら、仕事をしていただくことを期待したい」と言って女性閣僚を任命するようでは、前途多難ではありますが。

ちなみに能力論の専門家としては、能力という観点からもこの発言には問題があると言わざるを得ません。「選んでやろう、ではなくて人を組み合わせて活かすのがリーダーの仕事です。首相も周りで作文している官僚各位も、ありもしない個人観や仕事観からさっさと抜け出して！　しっかり！」――と。

分析なんかできない、くらいがいい

この際なのでもっと言ってしまえば、分析なんかできないくらいが、「働くということ」をまっとうできるかもしれません。「あの人、朝令暮改なんです」ということばをしばしば組織開発の道中に耳にします。九九パーセント、悪い意味で。ただ、何度も申し上げるとおり、万物は流転し、市場・環境は刻々と変化を続けています。「変わらない」ことや「一貫していること」を人は往々にして求めますが、それはちょっと厳しくないでしょうか。とはいえ、この説明だけでは傍若無人すぎるので、いわゆる「パーパス」といった組織の方向性を示すものはここで必要になるのだと考えます。「どの山に登ろうとしているのかは、しかと伝える。その上で、これまでこういう登り方をしてきたが、それだと○○なので、次はこういう登り方をしてみたいと思う」というように。

ちなみにコンサルタントやアナリストと呼ばれる職種は主に、過去の分析から未来予測することを生業《なりわい》とするわけですが、予測を当てる、ということは、「当たった」という以外に、果たして社会的には何を残しているのか？　と考えてみてもいいはずです。未来予測はAIの特技でしょうが、先の問いを掲げ、漠とした中から本質を摑もうと思索するプロセスこそが、人間の営為ではないでしょうか。

……と、だいぶ話が入り組みましたが、元を辿ると、「仕事」とはこういうことだ、と言われがちなことほど、実は議論が端折《はしょ》られた、案外心許ないものだということです。本書が推奨してきた「働くということ」――自己と向き合ったり、他者の心の内を感じたり、問いかけること――について、「余裕がない」「無駄」などの逃げ口上で、「取るに足らない」ことだと断じるのは、ぜひ再考してほしく思います。

とりあえずやってみる

過日、デンマーク在住のジャーナリストで、『デンマーク人はなぜ4時に帰っても成果を出せるのか』がベストセラーとなった針貝有佳《はりかいゆか》さんにインタビューをさせていただく機会を得ました。私が人材をデンマーク発祥のレゴ社のブロック一つひとつになぞらえて論稿を出したことがきっかけです。

インタビューでは私から問題提起として、北欧の働き方や人的資源モデルが「PLAYFUL」と称され、話題になっていることに対して、PLAYFULを「大人よ、もっと遊べ！」とする意訳に違和感がある旨をお伝えしてみました。すると針貝さんからも同意と、さらに非常に興味深い事実を教えていただきました。何かと言いますと、社名の由来であるleg godt（デンマーク語。「よく〈godt〉遊べ〈leg〉」と和訳される）のlegeという動詞は、本来、「実験的にやってみる」「いじってみる」という意味なのだそうで。「大人よ、もっと遊べ」ではなく、「とりあえずやってみる」環境をつくれているか？　あーでもないこーでもないと実験し続けているか？　が本来の意味だったわけです。他にも、経済や教育などの社会システムが全般に、「完成」を目的（ゴール）としていない、という見方もお話しいただき、溜飲が下がるとはこのこと！　という感じでした。

ゴールを決めない、「完成」という概念があると、はなから思わない、とはまさに効率やタイパの真逆中の真逆です。未来を決めつけず、今できることを周囲とがちゃがちゃ試してみる。特に膝を打ったのは、（誰が何をしようと）「失敗前提ですよ、完璧があると思ってないので。徐々に、ちょっとずつ変えていけばいいじゃないですか」とお話しされたことです。そうお話しする有佳さんは、ZOOMの画面越しでも、ほどよく脱力した、まことに健やかなお姿でした。うらやましい。

ちなみにこの話と同時に、完全を目指さないことの弊害として、デンマークの鉄道など交通機関の運行が日本人からすると適当に思えることなどもお話しされていました。これも、ただちに「どっちが優れているか？」という話ではなく、何かを得れば、何かは失うものだ、という当たり前の摂理を思って、自分は何を「選ぶ」のかを考えたらよいだけだと理解しました。光があれば影もあるよね、と受け取った次第です。

「働くということ」は、自分や他者の機微を受け取る営みだと申してきました。移ろうものを相手にしています。決めつける、言い切るような強さは、本来お呼びでないのです。

一応、未完のまま他者とともに試行錯誤しながら進めていくデンマークの実情の一端を、あまり気乗りしませんが数字で確認してみると……IMD（国際経営開発研究所）が発表する「国際競争力」は日本の三四位に対して、堂々の一位。IMF（国際通貨基金）の「国民一人あたり国内総生産（GDP）」は日本が三一位であるのに対して、ほぼ倍のGDPで世界第九位。WEF（世界経済フォーラム）の「ジェンダーギャップ指数」は日本が一一六位であるのに対して、デンマークは世界三二位です[*6]（いずれも二〇二二年データ）。

五　決めきらないこの本――終章まとめ……ず視点を託す

繰り返しになりますが、「働くということ」は生きる限り、誰にでも関係する、根源的営為です。ならば少しでも、互いを認め合い、活かし合い、次世代に希望のバトンをつなぎたい。そんなことは私だけが思うのではなく、きっと皆さんも共通してお持ちの願いのはずです。しかし本書が警鐘を鳴らしてきたのは、その願いを叶えるためにしているあれやこれやが、残念ながら豊かな「働くということ」につながっていない面もあるのではないか？　という点についてでした。忙《せわ》しなく「成果」を求められる私たち。クリアに説明できるものだけを価値ある情報として、重用する私たち。回り道なんて避けるべきで、できる限り最速・最短・最善で完璧な個人を目指そうと互いを監視し合い、競争に余念のない私たち……など、これらはまさに、本書が述べてきた「働くということ」の本質に逆行するものでした。

「えーそれも分かるけど、これまで言われてたのとあまりに違うし、一体何が正しいのさ」と嘆きたい気持ちも分かります。でもその「正しさ」をはっきりさせようとすること、二項対立的に正義を切り取ろうとする姿勢こそ、しんどいのではないかと述べてきたわけです。気づいてしまえば、実ははっきりさせないことのほうが自然なこと。これまで「選び・選ばれる」よう「働くということ」を歯を食いしばって、ときにボロボロになりながらやってきた日々はいずこ……と思うくらいかもしれません。

「よく分かんないなぁ」に際会する

担い合い

『ケアするのは誰か?』(ジョアン・C・トロント)という一冊があります。これは一見するとフェミニズム本のようですが、社会全体を「走る車」と位置付け直し、皆で生きるとはどういうことか? を書いた本だとも言えます。特にナンシー・フォーブレの寓話《ぐうわ》の話を参照するところは圧巻です。

簡単にご紹介すると、オリンピック競技に模して国ごとに「一定の時間内に、集団で最も遠くへと走る」ことを競わせた。「走れる者は、全力で走れ」のA国と、「性別分業」を敷いたB国、そして、皆で負担を分け合ったC国。勝利がもたらされたのは、C国であったとする物語。この含意は言うまでもなく、速く走れる人だけが走れば回るのが仕事でも社会でもないということです。性別という区分のみで役割を限定することにも無理があります。さまざまな得手不得手のある人同士が、痛みやつらい状況なども担い合い、助け合うこと。これが生きることだと教えてくれます。

分かち合い

関連して、競争ではなく、他者と担い合い、分かち合って生きるという本書の核は、私の中では竹内啓著『偶然とは何か』ともつながります。脳天までビリビリと痺《しび》れますので、引用させていただきます。

どのような社会においても、人間は親から受け継いだ遺伝子や生まれた環境に大きく作用され、それらは多く偶然といわざるをえない。「市場競争」の結果もまた多く「偶然」に影響されるものであるとすれば、その結果は常に各人の自己責任に帰すべきであるということも成り立たないはずである。

「運」や「不運」は、各人にとっては、結局は自ら引き受けなければならないものであるとしても、社会の中で、自分の「幸運」は当然自分の権利であり、他人の「不運」はその人の「自己責任」であって知ったことではないとするのは、道義的に正当とはいえないであろう。「運」「不運」は、他人と分かち合うことによって「偶然の専制」を和らげるべきではなかろうか。

（同書一六八頁）

ちなみに竹内先生は数理統計学者であることも付言しましょう。

人と人は、ご縁や運など、説明しがたいものの中にありつつ、持ちつ持たれつ、ぐらぐら、ゆらゆらしながらなんとかやっていいます。そうしたいね、ではなく、今もうすでにそうしている、なのだとお話ししてきました。もっと「強い」「優秀」な個人を選んで、付き合い、仕事をともにし、素晴らしいものを生み出そう!!　なんてことのマッチョな滑稽さ。これとて皆で、「そんな日もあったね、令和、懐かしいねぇ」と笑い合える日は、地道な取り組みの先に必ず待ち受けているはずです。

ネガティブ・ケイパビリティ？　「アンビバレンス」？

はず、と言いますか、変化の兆しは「ネガティブ・ケイパビリティ」ということばの注目度にも表れているのではないでしょうか。精神科医であり小説家である帚木《ははきぎ》蓬生《ほうせい》先生の言わずと知れた一冊『ネガティブ・ケイパビリティ』は、特に新型コロナウイルス禍には多くの方の精神的支えになったことでしょう。さまざまな定義の中でも私はこちらが特にしっくりきます。「拙速な理解ではなく、謎を謎として興味を抱いたまま、宙ぶらりんの、どうしようもない状態を耐えぬく力」（七七頁）。脱・「能力主義」を結局「力（能力）」で表現してしまうことにいささか私は戸惑ってしまうのですが、こうした自己のモードの観察・選択を啓蒙する動きは、見守りたく思います。

ちなみに、私の修士課程時代の恩師である苅谷剛彦先生は、『オックスフォード大教授が問う 思考停止社会ニッポン』において、「対立の構造」ばかりで「接点」を見出すことができず、分断が進む知識社会の現況に対して、「曖昧さを許す、対立・葛藤を含む複数の価値の両抱え状態」（二六九頁）の有用性を、「アンビバレンス」[*7]と表現しました。能力ではなく「状態」で示すあたりが特に、畏敬の念に堪えません。

矮人《わいじん》が巨人の肩の上に立たせていただきますが、本書が示す「働くということ」の本質は、まさに、分かりやすいものだけではなく「よく分かんないなぁ」というものにこんな感じで出会いませんか？　という誘《いざな》いでした。星の王子さまではないですが、「本当に大切なことは、目に見えない」とはそのとおりで、派手さもかっこよさもない。めんどくさくて、ややこしく、時に支離滅裂。そこに真正面から向き合うのが本書の「働くということ」です。

いくら洗練や卓越のユートピアを求めて高尚なソーシャルデザインを重ねようと、人間のめんどくささややこしさを忌避すればするほどに、「よりよい社会」は遠ざかるもの。「高い能力」「強い個人」「自立」「成長」などといった「聞こえのよい言葉が何を『見えなくしているのか』を問う」（佐藤仁『争わない社会』二六二頁）ことを決してやめない。永遠の未完として、他者とただただ支え合う。すべてを見透かすかのような鋭き眼光も、よどみのない弁舌も要らない。「見えざる見守り。語らぬ聞き手」（森本あんり『不寛容論』二八五頁）であることだけは少しばかり努力しようと思います。

そんな営みの遍満を願って、本章を終えることにします。

エピローグ

本書を読み終えた例の家族が、再び団らんの場に。プロローグの「問わぬまま逃げ切れるのか」に焚《た》きつけられるようにして、それぞれ異なる立場、異なる生活ながら、組織開発の現場を眺め、互いに思索を深めてきた様子だ。再び家族の語りに耳を澄ましてみる。

夜更けの花

娘　ねぇ。この勅使川原って組織開発の人は、「自分のモードに気づいて思考や言動を『選ぶ』ことは、他者を『選ぶ』一般的な選抜とはまったく異なる世界観だ！」みたいに言ってるけど、それも自己客観視が〈できる〉、行動を「選択」〈できる〉って能力の話にすることもできるような気がしちゃうのは私だけ？

息子　能力論の円環なぁ。まぁ考えるほどにその点が頭をもたげそうになるね。でもさ、

Q１　生きる上で必要とされる視点・態度などを「能力」と表現することはただちに問題なのか？

Q２　能力で「もらい」の多寡を決めることに疑いを持たない「能力主義」が問題なのか？

とかって、問いを分けたほうがいいんじゃないかな。

父　確かに。この組織開発の人は、Q１のことを個人の「能力」ではなく、組織で必要とされる「機能」の担い合いだと言っていた。ただ、より問題視しているのは、後者（Q２）の点についてかもな。

息子　だね。だから例えば「ネガティブ・ケイパビリティ」なら、それを「持ってい

ないと、『もらい』が少なくなっても文句言えないよね？」と言い切ってしまう社会への危惧を著していたんだと思う。

母　うん。あと、もう一つ重要な論点があったわ。「できる・できない」は「状態」の話であって、固定的に個人に備わる能力の話ではないということ。Q1のこともその意味でやっぱり、根っこでは強く批判しているんだと思う。

娘　そうか。だから、能力で人の人生を振り分けて当然かのような、「選抜」観に、待ったをかけているんだよね。なるほど。私、抗ってみるよ。自分の殻に閉じ込もったら、苦しい。

息子　というと？

娘　「選ぶ」とか「選ばれる」こと、特にそれが人生の重大局面で起きるときは、ただちに乗っかるんじゃなくて、立ち止まってみようかなと思って。死に物狂いで「抜きんでる」ことで何を得ようとしているのか？　その裏で静かに失うものは何なのか？　とか、考えてもいいよなって。

息子　いいなそれ。誰かがやるだろうじゃなくて、俺もやらなきゃ。

母　「選ぶ」ということが無批判に強い影響力、なんなら正当性を持っている点に自覚的になる輪を、地道に広げていきたいよね。

父　そうだな。人は「選ばれる」ことで存在の「正しさ」を証明しているわけじゃない。

母　結婚も、そうかもね、あなた。

父　ん？　「正しさ」じゃなくて、揺らぎある者同士の「組み合わせ」。ゴホン、いかにも。

息子　僕がこれから洗礼を受けるであろう就活という「選抜」やら、その後続く出世競争、恋愛……どれも、「組み合わせ」の探究なのだと思って、多少は冷静にやっていきたいな。

父　永遠の未完だ。じたばたやったらいいさ。

娘　お父さんもね。

母　ねぇ、私、また働こうかな。「選ばれる」のを待つ発想だと、「私なんて……」って抑え込む気持ちがあったけど、私自身のモードを「選ぶ」ことこそが、「働くということ」なんだと思ったら、私それ得意かもな、って思った。

父　他者や状況をコントロールすることが能力ではないのだとしたら、確かに、君の本領発揮だな。子育ても思い通りにならない中で、ひたすら「育自」[*1]してきたのだろうから。

母　あら、大して参加していなかったのに、よく分かってるじゃない。

父　うっ、トゲが……まぁ事実か。男性中心社会にあって、こちとら遮二無二「選ばれる」ことを追い求め、少しでも上に立って「選ぶ」立場になろうと必死だった。明日から、新しいモードで七転び八起き、やってみるよ。

娘　間断なく一貫していることばかりが、成功じゃないよね。挫折や回り道の価値が見直されていくことは、この社会のインクルージョン（包摂）につながりそうだと思ったなぁ。

息子　でもそれを言うなら、万全に働けないときも健やかに生きられる生存権が守られている必要はあるよね。最近、法学の授業でやったんだ。

娘　ならば「選ばれる」ことが目的化している政治の世界の「選挙」とかって考えも見直さないと、かもね。そうして、増税して財源を増やそうとかの前に、今のお金の使い道を見直してもらい……。

答えはない。ただ、こんな夜更けに咲き誇る、おしゃべりの花の美しさといったらない。

ひたむきな人々に感謝と敬意を

「仕事」とは何か？　「選抜」とは？　「成果」「評価」「能力」「学び」「社会」「生きる」……とは何か？　家族は語らいの中で、ひとしきり思いを巡らせることになったようだ。

「選び」「選ばれ」生きていることを、あまりに所与のものとして、それを思い通りにしようとか、より（選択の）「精度」を上げよう、なんて言えば言うほどに、前途はいばらの道だ。見慣れたもの、予測可能なものにだけ安心感を抱いている場合ではない。見たことのない景色を皆で見るために、ただ存在を紡ぎ合う。そこに、「選抜」する／されるという概念は無用だ。他者や環境と「組み合わせ」て生きること。そう楽ではないのかもしれないが、生きた心地はよっぽどするだろう。他者よりも「抜きんでる」のではなく、いつもそばに、頭の片隅に、画面の奥に……どんな形でもいい、他者と「ともに在る」こと。これこそが労働であり、教育であり、社会で生きることだ。汝あっての我。他者に心からの感謝と敬意を。

この本を、いつもそばにいる人、いなくても心に住んでいる人、ちょっと知っている人、袖振り合った人、二度と会いたくない人……いかなる感情が湧けども、私の人生を確実につくってくれているすべての人に捧《ささ》げます。

註

【プロローグ】

＊1 「新しい資本主義の実現に向けて（論点）令和3年10月26日」内閣官房ホームページ（https://www.cas.go.jp/jp/seisaku/atarashii_sihonsyugi/kaigi/dai1/shiryou3.pdf）。

＊2 「小中高生の自殺者数、過去最多に　初の500人超　厚労省」朝日新聞デジタル、二〇二三年三月一四日（https://www.asahi.com/articles/ASR3G0PCPR3FUTFL01R.html）。

＊3 「去年の小中高校生の自殺　前年に次ぎ過去2番目に多い見通し」ＮＨＫ　NEWS WEB、二〇二四年二月二七日（https://www3.nhk.or.jp/news/html/20240227/k10014372341000.html）。

＊4 「2.育成を目指す資質・能力と個別最適な学び・協働的な学び」文部科学省ホームページ（https://www.mext.go.jp/a_menu/shotou/new-cs/senseiouen/next_01491.html）。

＊5 「4.教育課程の実施と学習評価」文部科学省ホームページ（https://www.mext.go.jp/a_menu/shotou/new-cs/senseiouen/next_01501.html）。

【序章】

＊1 「第百六十四回国会衆議院　予算委員会議録　第二十号　平成十八年三月二日」国会会議録検索システム（https://kokkai.ndl.go.jp/minutes/api/v1/detailPDF/img/116405261X02020060302）。

＊2 【成田悠輔 vs 東大教授】「既得権益」の抵抗とは？衝撃の「正体」【ウェルビーイングな世界とは？】

YouTube（https://www.youtube.com/watch?v=n8lGgpxa4Gg）。
＊3　中村高康『暴走する能力主義』ちくま新書、二〇一八年、二二〜二三頁。
＊4　「特別企画：企業が求める人材像アンケート」帝国データバンクホームページ、二〇二二年（https://www.tdb.co.jp/report/watching/press/pdf/p220905.pdf）。
＊5　「Z世代（26歳以下）の就業意識や転職動向」リクルートホームページ、二〇二三年（https://www.recruit.co.jp/newsroom/pressrelease/assets/20230830_hr_01.pdf）。
＊6　秋田道夫『機嫌のデザイン』（ダイヤモンド社、二〇二三年）など。
＊7　嶋津良智『怒らない技術』Forest2545新書、二〇一〇年。
＊8　「従業員エンゲージメント市場に関する調査を実施（２０２３年）」矢野経済研究所ホームページ（https://www.yano.co.jp/press-release/show/press_id/3297）。
＊9　定義の一例として、「データドリブンとは課題を解決するために必要なデータを収集して、それらを分析し、その結果に基づいて判断を下し、行動を決定する、こうした一連のプロセスを示す言葉です。つまり、データドリブンの特徴はデータを基にして意思決定をする点にあります」ＮＴＴデータ関西ホームページ「データドリブンとは？いま注目される理由とメリット」（https://www.nttdata-kansai.co.jp/media/005/）。
＊10　定義の一例として、「『経験と勘』による意思決定ではなく、データを用いて定型化された事実法則に基づいた意思決定をすることで、パフォーマンスの向上を目指します」「日本の人事部」ホームページ「エビデンス・ベースド・マネジメント」（https://jinjibu.jp/keyword/detl/1243/）。

＊11　高木俊介『精神医療の光と影』日本評論社、二〇一二年、六六〜七八頁。

【第一章】

＊1　苅谷剛彦他『教育の社会学』有斐閣アルマ、二〇〇〇年。

＊2　ちなみに日本で最初の性格と能力の両方を測定する総合適性検査は、リクルート社のSPI（適性検査）であり、一九七四年に誕生している。

＊3　ヤングが著作の中で明記しているわけではないが、デイヴィッド・グッドハート『頭手心』によると、ジョン・ロールズの言うNatural Lottery（自然の巡り合わせ）、ということばにヤングも共感していたとされている。

＊4　「国家検定知能指数」が低く、いわゆる肉体労働に従事する「民間工作部隊」の仕事を、「ごみ箱をからにしたり、荷物をもちあげたりする」（『メリトクラシー』一四四頁）という記述はある。

＊5　おおたとしまさ『ルポ無料塾』（集英社新書、二〇二三年）は記憶に新しい。

＊6　現場の知性のパワフルさに改めて気づかせてくれる名著といえば、ボストン・コンサルティング・グループの現ドバイオフィスのパートナーであるイヴ・モリューとボストンオフィスのピーター・トールマンの『組織が動くシンプルな6つの原則』（ダイヤモンド社、二〇一四年）だと私は思っている。

【第二章】

＊1　実在する人物・事例をもとに、特定を避けるため創作しています。

＊2　水島広子『怖れを手放す』星和書店、二〇〇八年、六九頁。
＊3　海賊船　31109―クリエイター3in1―レゴ®ストア公式オンラインショップJP（https://www.lego.com/ja-jp/product/pirate-ship-31109）。
＊4　山本芳久『世界は善に満ちている』新潮選書、二〇二一年。
＊5　「道徳教育について」文部科学省ホームページ（https://doutoku.mext.go.jp/html/basic.html）。

【コラム②】
＊1　「若者の早期退職をAIが分析　名大大学院などが研究」NHK東海NEWS WEB、二〇二三年八月二日（https://www3.nhk.or.jp/tokai-news/20230802/3000030819.html）。

【第三章】
＊1　エリヤフ・ゴールドラット『ザ・ゴール』（三本木亮訳、ダイヤモンド社、二〇〇一年）をはじめとする『ザ・ゴール』シリーズ。
＊2　「仕事が原因のうつ病が増加傾向　自殺の9割以上は男性」日本経済新聞、二〇一七年一二月八日（https://www.nikkei.com/nstyle-article/DGXMZO24223150U7A201C1000000/）。
＊3　「『採用直結』インターン本格化　大手は強化、学生『プレッシャーに』」朝日新聞デジタル、二〇二三年九月一八日（https://www.asahi.com/articles/ASR9H5D5FR8SULFA00J.html）などのニュース。
＊4　（1）Volatility（変動性）、（2）Uncertainty（不確実性）、（3）Complexity（複雑性）、（4）

Ambiguity（曖昧性）を時代の特徴と捉えたビジネス用語。
＊5　加藤守和『日本版ジョブ型人事ハンドブック』日本能率協会マネジメントセンター、二〇二二年。
＊6　「中期経営計画をやめる、って本当ですか？～教えて！藤江さん～」、「ストーリー」味の素グループホームページ（https://story.ajinomoto.co.jp/report/089.html）。
＊7　古屋星斗『ゆるい職場』（中公新書ラクレ、二〇二二年）など。「大企業で若手の離職が増えているナゾ　不安が募る『ゆるい職場』とは」（朝日新聞デジタル、二〇二三年一〇月六日〈https://www.asahi.com/articles/ASRB33GM4R9PUTIL025.html〉）など記事も多数。
＊8　「サンデル教授が指摘する『議論の危機』　分断や無力感を超えるには」朝日新聞デジタル、二〇二三年一〇月三日（https://www.asahi.com/artcles/ASRB24S3JR9YUCVL00V.html）。

【終章】
＊1　「会社で『生き残る』ために必要なスキル磨きのコツ　リスキリングを成功させる7つのポイント」東洋経済オンライン、二〇二三年九月一一日（https://toyokeizai.net/articles/-/699383）。
＊2　Google社のプロジェクトアリストテレスが解明した、職場の「生産性」を分かつ要素としての「心理的安全性」はあまりに有名。
＊3　川上康則編著『不適切な関わりを予防する　教室「安全基地」化計画』（東洋館出版社、二〇二三年）などが代表格。
＊4　「集中度や感情、脈拍や血流データで『見える化』　学校にじわり浸透」朝日新聞デジタル、二〇二

三年九月一九日(https://www.asahi.com/articles/ASR9L6KRYR9LUTIL00F.html)。

＊5 「重回帰分析とは、回帰分析のうち、説明変数が複数あるものを指します。たとえば、小売店で売上に影響する要素には、立地(駅からの距離など)、売り場面積、商品数などさまざまなものがあります。こうした要素のうち、どれがどれだけ大きな影響を与えているのかを分析できるのが重回帰分析です」、「重回帰分析とは? ～目的から手順や注意点までわかりやすく解説～」IM-Press(https://www.intra-mart.jp/im-press/useful/multi-regression_analysis)。

＊6 『WORK MILL ISSUE 08』(フォーブスジャパン2023年8月号別冊、プレジデント社)より。

＊7 英語本来の「対立や葛藤、矛盾を含む要素間の曖昧さの余地のない鋭い緊張関係を含みつつ、その共存を意味すること」を示すアンビバレンスと、日本的な「曖昧さを許す」両義的な「アンビバレンス」とを区別して、括弧書きしている。

【エピローグ】

＊1 「育児は育自」はしばしば名言とされるが、誰のことばなのかは定かではない。

(URLはすべて二〇二四年四月末時点)

参考文献

佐々木勝「提言 選抜されるようになるために」『日本労働研究雑誌』独立行政法人労働政策研究・研修機構、二〇二三年七月号
本田由紀『教育は何を評価してきたのか』岩波新書、二〇二〇年
苅谷剛彦『大衆教育社会のゆくえ―学歴主義と平等神話の戦後史』中公新書、一九九五年
本田由紀『多元化する「能力」と日本社会―ハイパー・メリトクラシー化のなかで』NTT出版、二〇〇五年
中村高康『暴走する能力主義―教育と現代社会の病理』ちくま新書、二〇一八年
「特別企画：企業が求める人材像アンケート」帝国データバンク、二〇二二年
「Z世代（26歳以下）の就業意識や転職動向」リクルート、二〇二三年
「未来人材ビジョン 令和4年5月」経済産業省
秋田道夫『機嫌のデザイン―まわりに左右されないシンプルな考え方』ダイヤモンド社、二〇二三年
森本あんり『不寛容論―アメリカが生んだ「共存」の哲学』新潮選書、二〇二〇年
嶋津良智『怒らない技術』Forest2545 新書、二〇一〇年
「従業員エンゲージメント市場に関する調査を実施（2023年）」矢野経済研究所、二〇二三年
「企業向け研修サービス市場に関する調査を実施（2022年）」矢野経済研究所、二〇二二年
高木俊介『精神医療の光と影』日本評論社、二〇一二年

マイケル・ヤング著、窪田鎮夫・山元卯一郎訳『メリトクラシー』講談社エディトリアル、二〇二一年
苅谷剛彦他『教育の社会学―〈常識〉の問い方，見直し方』有斐閣アルマ、二〇〇〇年
デイヴィッド・グッドハート著、外村次郎訳『頭手心―偏った能力主義への挑戦と必要不可欠な仕事の未来』実業之日本社、二〇二二年
カトリーン・マルサル著、高橋璃子訳『アダム・スミスの夕食を作ったのは誰か？―これからの経済と女性の話』河出書房新社、二〇二一年
おおたとしまさ『ルポ無料塾―教育格差議論の死角』集英社新書、二〇二三年
イヴ・モリュー、ピーター・トールマン著、重竹尚基、東海林一監訳『組織が動くシンプルな6つの原則―部門の壁を越えて問題を解決する方法』ダイヤモンド社、二〇一四年
水島広子『怖れを手放す―アティテューディナル・ヒーリング入門ワークショップ』星和書店、二〇〇八年
スピノザ著、畠中尚志訳『エチカ』岩波文庫、一九五一年（二〇一一年改版）
マックス・ウェーバー著、林道義訳『理解社会学のカテゴリー』岩波文庫、一九六八年、一六頁
山本芳久『世界は善に満ちている―トマス・アクィナス哲学講義』新潮選書、二〇二一年
八木詠美『空芯手帳』筑摩書房、二〇二〇年
高瀬隼子『おいしいごはんが食べられますように』講談社、二〇二二年
エドガー・H・シャイン著、金井真弓訳、金井壽宏監訳『人を助けるとはどういうことか―本当の協力関係をつくる7つの原則』英治出版、二〇〇九年

宇田川元一『他者と働く――「わかりあえなさ」から始める組織論』NewsPicksPublishing、二〇一九年
小手川正二郎『現実を解きほぐすための哲学』トランスビュー、二〇二〇年
加藤守和『日本版ジョブ型人事ハンドブック』日本能率協会マネジメントセンター、二〇二二年
古屋星斗『ゆるい職場――若者の不安の知られざる理由』中公新書ラクレ、二〇二二年
小田智博他編著『通知表をやめた。茅ヶ崎市立香川小学校の1000日』日本標準、二〇二三年
「サンデル教授が指摘する『議論の危機』――分断や無力感を超えるには」朝日新聞デジタル、二〇二三年一〇月三日
磯野真穂『他者と生きる――リスク・病い・死をめぐる人類学』集英社新書、二〇二二年、二六九頁
川上康則編著『不適切な関わりを予防する教室「安全基地」化計画』東洋館出版社、二〇二三年
村上靖彦『「客観性」の落とし穴』ちくまプリマー新書、二〇二三年
「集中度や感情、脈拍や血流データで『見える化』学校にじわり浸透」朝日新聞デジタル、二〇二三年九月一九日
稲田豊史『映画を早送りで観る人たち――ファスト映画・ネタバレ――コンテンツ消費の現在形』光文社新書、二〇二二年
P.F.ドラッカー著、上田惇生訳『ドラッカー名著集 経営者の条件』ダイヤモンド社、二〇〇六年
ジョアン・C・トロント著、岡野八代訳・著『ケアするのは誰か?――新しい民主主義のかたちへ』白澤社発行、現代書館販売、二〇二〇年
竹内啓『偶然とは何か――その積極的意味』岩波新書、二〇一〇年

帚木蓬生『ネガティブ・ケイパビリティ―答えの出ない事態に耐える力』朝日選書、二〇一七年
苅谷剛彦『オックスフォード大教授が問う　思考停止社会ニッポン―曖昧化する危機言説』中公新書ラクレ、二〇二一年
佐藤仁『争わない社会―「開かれた依存関係」をつくる』ＮＨＫブックス、二〇二三年
勅使川原真衣『「能力」の生きづらさをほぐす』どく社、二〇二二年

勅使川原真衣（てしがわら まい）

一九八二年横浜生まれ。組織開発専門家。東京大学大学院教育学研究科修士課程修了。外資コンサルティングファーム勤務を経て、二〇一七年に組織開発を専門とする「おのみず株式会社」を設立。企業をはじめ病院、学校などの組織開発を支援する。二児の母。二〇二〇年から乳がん闘病中。「紀伊國屋じんぶん大賞2024」八位にランクインした初めての著書『「能力」の生きづらさをほぐす』（どく社）が大きな反響を呼ぶ。

働《はたら》くということ「能力主義《のうりょくしゅぎ》」を超《こ》えて

集英社新書一二二九E

二〇二四年 六 月二二日 第一刷発行
二〇二四年一一月 六 日 第四刷発行

著者……勅使川原真衣《てしがわらまい》
発行者……樋口尚也
発行所……株式会社集英社
東京都千代田区一ツ橋二-五-一〇 郵便番号一〇一-八〇五〇
電話 〇三-三二三〇-六三九一（編集部）
〇三-三二三〇-六〇八〇（読者係）
〇三-三二三〇-六三九三（販売部）書店専用

装幀……原 研哉
印刷所……TOPPAN株式会社
製本所……加藤製本株式会社

定価はカバーに表示してあります。

ISBN 978-4-08-721319-5 C0237

Printed in Japan

a pilot of wisdom

集英社新書　好評既刊

政治・経済——A

a pilot of wisdom

国家と記録 政府はなぜ公文書を隠すのか？　瀬畑 源
水道、再び公営化！ 欧州・水の闘いから日本が学ぶこと　岸本 聡子
改訂版 著作権とは何か 文化と創造のゆくえ　福井 健策
朝鮮半島と日本の未来　姜 尚中
人新世の「資本論」　斎藤 幸平
国対委員長　辻元 清美
アフリカ 人類の未来を握る大陸　別府 正一郎
〈全条項分析〉日米地位協定の真実　松竹 伸幸
日本再生のための「プランB」　兪 炳匡
新世界秩序と日本の未来　内田 樹／姜 尚中
世界大麻経済戦争　矢部 武
中国共産党帝国とウイグル　橋爪大三郎／中田 考
安倍晋三と菅直人　尾中香尚里
ジャーナリズムの役割は空気を壊すこと　森 達也／望月衣塑子
代表制民主主義はなぜ失敗したのか　藤井 達夫
会社ではネガティブな人を活かしなさい　友原 章典
自衛隊海外派遣 隠された「戦地」の現実　布施 祐仁

北朝鮮 拉致問題 極秘文書から見える真実　有田 芳生
アフガニスタンの教訓 挑戦される国際秩序　山本 忠通／内藤 正典
原発再稼働 葬られた過酷事故の教訓　日野 行介
北朝鮮とイラン　福原 裕二／吉村慎太郎
歴史から学ぶ 相続の考え方　神山 敏夫
非戦の安全保障論　柳澤 協二／伊勢﨑 賢治／加藤 朗／林 吉永
西山太吉 最後の告白　西山 太吉／佐高 信
日本酒外交 酒サムライ外交官、世界を行く　門司健次郎
日本の電機産業はなぜ凋落したのか　桂 幹
ウクライナ侵攻とグローバル・サウス　別府正一郎
日本が滅びる前に 明石モデルがひらく国家の未来　泉 房穂
イスラエル軍元兵士が語る非戦論　ダニー・ネフセタイ
戦争はどうすれば終わるか？　柳澤 協二／伊勢﨑 賢治／加藤 朗／林 吉永
全身ジャーナリスト　田原総一朗
自壊する欧米 ガザ危機が問うダブルスタンダード　内藤 正典／三牧 聖子
誰も書かなかった統一教会　有田 芳生
自由とセキュリティ　杉田 敦

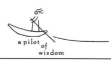

教育・心理——E

疎外感の精神病理　和田秀樹

ギフティッドの子どもたち　角谷詩織

ルポ　無料塾「教育格差」議論の死角　おおたとしまさ

なぜ東大は男だらけなのか　矢口祐人

デンマーク流ティーンの育て方　イーベン・ディシング・サンダール　鹿田昌美・訳